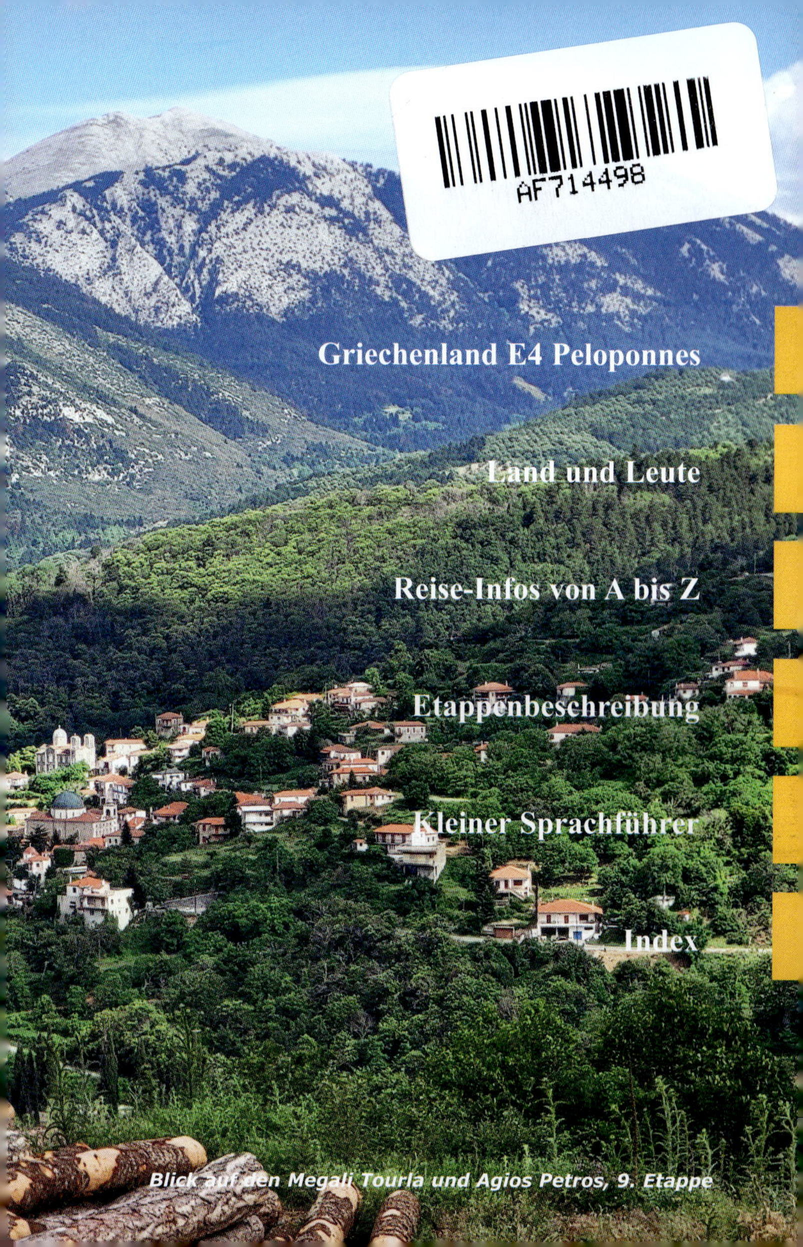

Griechenland E4 Peloponnes

Land und Leute

Reise-Infos von A bis Z

Etappenbeschreibung

Kleiner Sprachführer

Index

Blick auf den Megali Tourla und Agios Petros, 9. Etappe

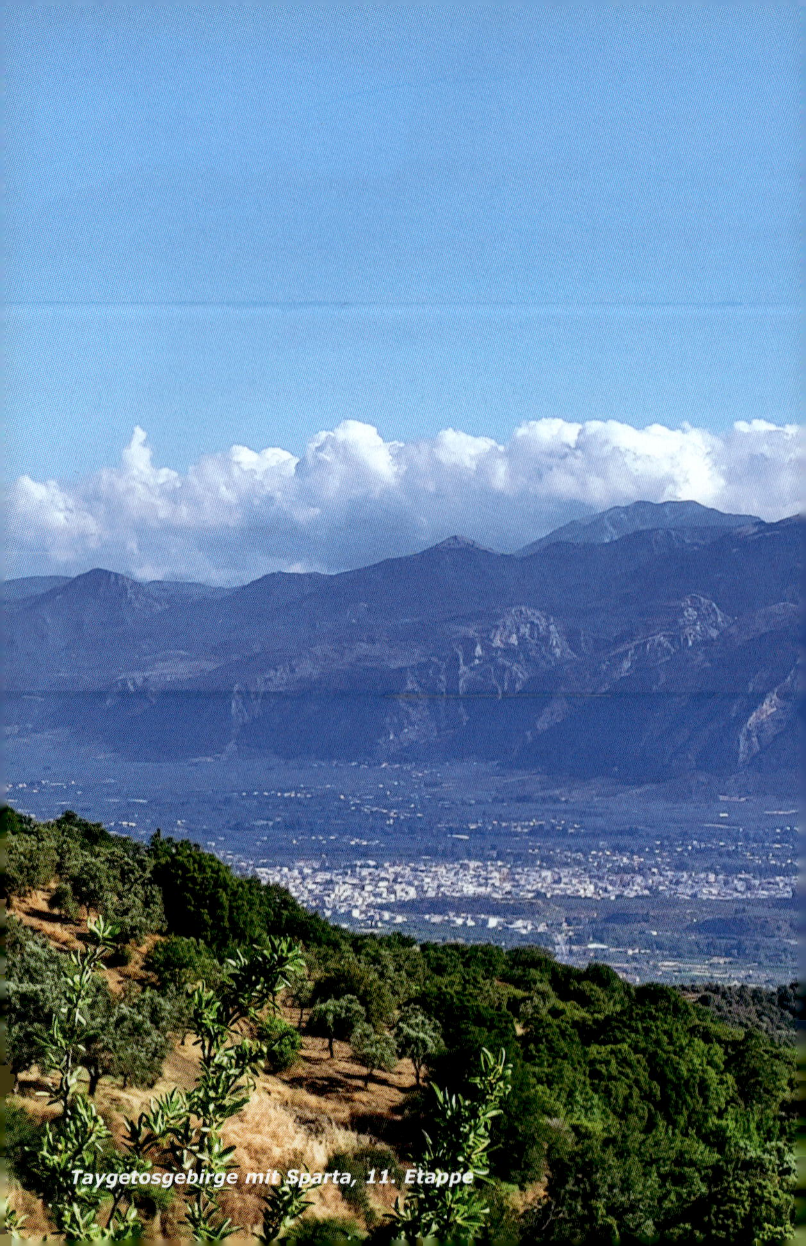

Taygetosgebirge mit Sparta, 11. Etappe

Band 221

OutdoorHandbuch

Raffaele Nostitz

Griechenland: E4 Peloponnes

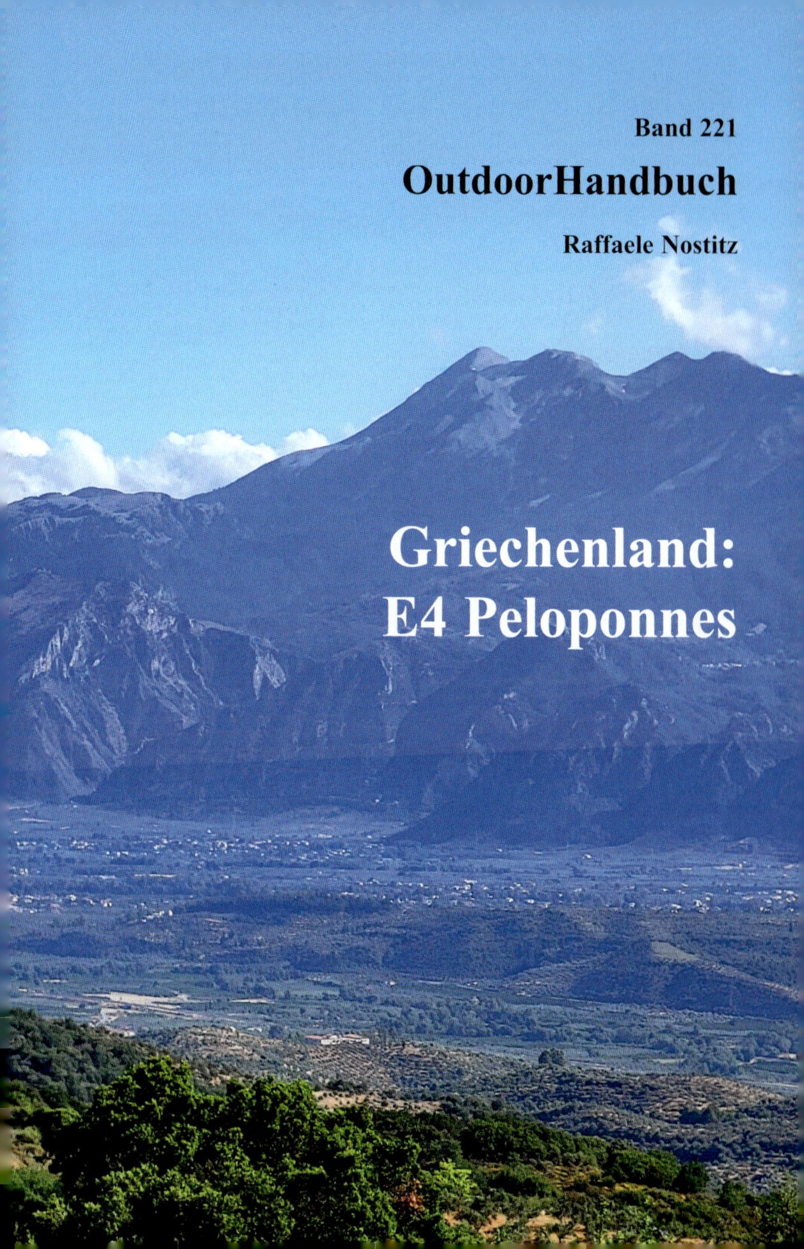

Griechenland: E4 Peloponnes

Dieses OutdoorHandbuch wurde konzipiert und redaktionell erstellt vom:

Conrad Stein Verlag GmbH
Kiefernstr. 6, 59514 Welver
023 84/96 39 12
info@conrad-stein-verlag.de
www.conrad-stein-verlag.de
www.facebook.com/outdoorverlag
www.instagram.com/outdoorverlag

Klimaneutral
Druckprodukt
ClimatePartner.com/53106-2212-1002

Als Outdoor-Verlag sind uns der Schutz und die Erhaltung der Natur seit jeher ein besonderes Anliegen. Auch in Sachen Klimaschutz haben wir eine Vorreiterrolle inne: Wir sind der einzige Buchverlag in Deutschland, der bereits seit 2008 seine Bücher konsequent klimaneutral in Deutschland produzieren und transportieren lässt. Dabei wird nicht nur klimaneutral, sondern auch nachhaltig, d. h. so umweltschonend wie möglich produziert, z. B. durch die Auswahl von umweltfreundlichen Materialien. Die bei der Produktion der Bücher entstandenen CO_2-Emissionen werden durch die Unterstützung von zertifizierten Klimaschutzprojekten ausgeglichen. Jedes Buch wird daher mit dem Logo „klimaneutral“ und einer Climate-Partner-Zertifikatsnummer versehen. Mithilfe dieser Nummer können Sie unter www.climatepartner.com Informationen zu der eingesparten CO_2-Menge und dem Projekt finden, das mit der Abgabe gefördert wird.

Das Engagement des Conrad Stein Verlags wurde im Rahmen des Projekts „Klimaneutraler Buchverlag“ mit dem Westenergie Klimaschutzpreis 2022 ausgezeichnet.

OutdoorHandbuch Band 221

ISBN 978-3-86686-775-8 1. Auflage 2023

Text und Fotos: Raffaele Nostitz
Karten: Manuela Dastig
Lektorat: Anna-Lena Ebner
Layout: Alexandra Sauerland

Gesamtherstellung: AZ Druck und Datentechnik GmbH, Kempten

Dieses OutdoorHandbuch hat 128 Seiten mit 40 farbigen Abbildungen sowie 19 farbigen Kartenskizzen im Maßstab 1:100.000, 18 farbigen Höhenprofilen und einer farbigen, ausklappbaren Übersichtskarte.

Autor und Verlag freuen sich über Ihr Feedback. Schreiben Sie Ihre Tipps und Verbesserungen an info@conrad-stein-verlag.de oder nutzen Sie unsere Social-Media-Kanäle. Bitte nennen Sie dabei Titel, Auflage und Seitennummer.

Dieses Buch ist im Buchhandel und in Ausrüstungsläden erhältlich und kann im Internet oder direkt beim Verlag bestellt werden.

Titelfoto: Aufstieg durch die Mavrada-Flanke, 4. Etappe

Inhalt

☺ Eine **Übersichtskarte** des Weges, **Autorenprofil** sowie eine Liste aller verwendeten **Symbole** in diesem Buch finden Sie auf den vorderen und hinteren Umschlagseiten bzw. -klappen.

Einleitung

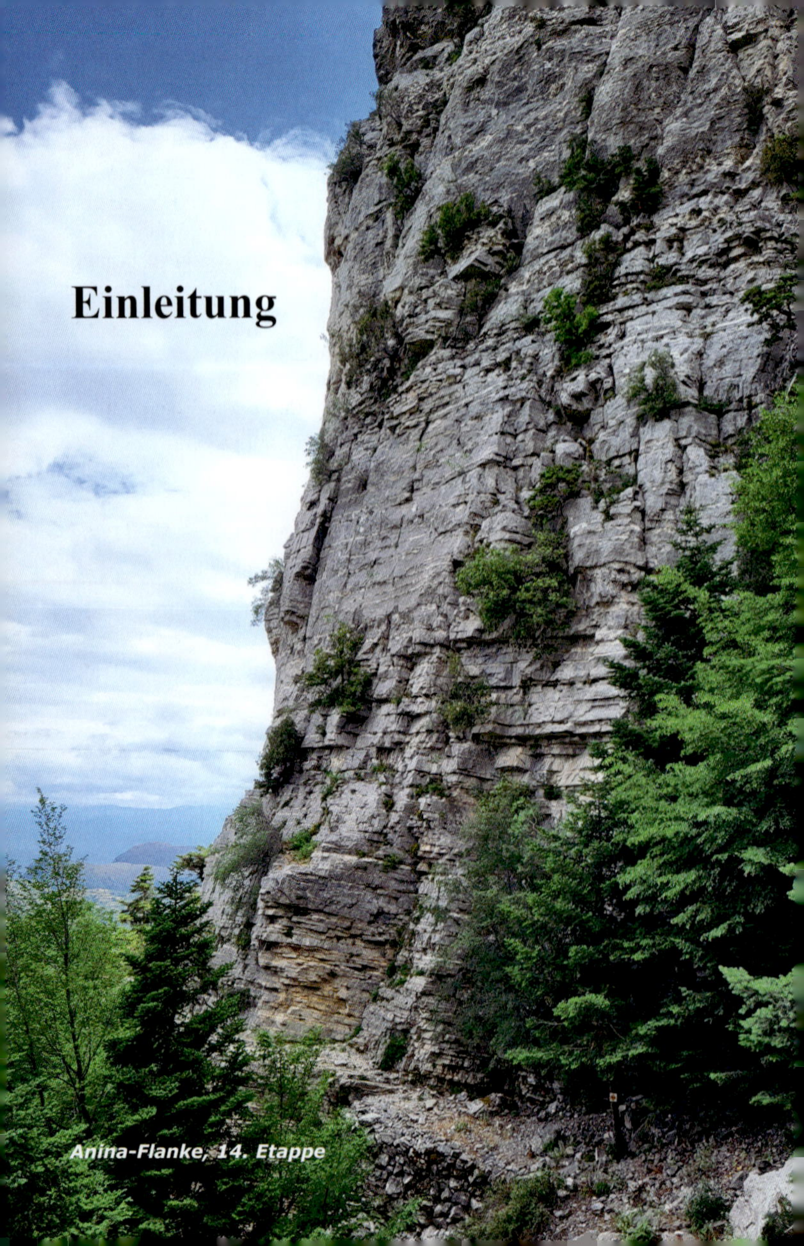

Anina-Flanke, 14. Etappe

Der E4 und der Abschnitt Peloponnes

Der Europäische Fernwanderweg E4 hat eine Gesamtlänge von aktuell 10.450 km. Er führt vom südwestlichsten Punkt des europäischen Kontinents in **Portugal** über die **iberische Halbinsel** und durchquert die **Pyrenäen**. Dann flankiert er den Alpenbogen auf der Nordseite durch Konstanz über den **Jurahöhenweg**, Salzburg und Wien. Über Bratislava und Budapest geht der Wegverlauf weiter durch **Ungarn**, **Serbien** und **Bulgarien**. Nach der Peloponnes-Durchquerung führt der letzte Abschnitt über die Inseln **Kreta** und **Zypern**.

Auf dem hier vorgestellten Abschnitt durchqueren Sie die griechische Halbinsel Peloponnes, das Südende des **Balkans**, auf gut 300 km von Nord nach Süd mit jeweils gut 9.000 Hm im Auf- und Abstieg. Das fällt nach gängiger Definition noch nicht in den Bereich des Fernwanderns, sondern gilt als Weitwanderung (mehrtägige Wanderung mit weniger als 20 Tagesetappen). Diese Tourenlänge ist nicht allzu herausfordernd und lässt sich gut in zwei Wochen bewerkstelligen. Die Wanderung startet in **Diakopto** am Golf von Korinth und endet in **Gythio** am Lakonischen Golf. Somit wartet am Anfang und am Ende das Mittelmeer auf Sie.

Sie passieren auf der Durchquerung mehrere Gebirgszonen: die Ausläufer des **Chelmos**, das **Menalo-Gebirge**, das **Parnon-Gebirge**. Und die letzten Tage verbringen Sie im höchsten Gebirge der Peloponnes, dem **Taygetos**. Es geht dabei durch zwei große, dramatische Schluchten, die **Vouraikos-Schlucht** am Anfang und die **Lagada-Schlucht** im Taygetos am Ende der Durchquerung.

Leider führen einige Abschnitte auch über Asphaltstraßen. Sie wurden allerdings schon deutlich reduziert und die Bestrebungen nach einer schöneren Routenführung machen weiter Fortschritte. Dennoch sind zwei Abschnitte bei Tripoli und Sparta nicht besonders erquicklich zu bewandern.

Es überwiegen aber ganz eindeutig die erlebnisreichen Passagen durch einsame Natur, wilde Flusstäler, dramatische Schluchten und alpines Gelände. Auch die Tierwelt, angefangen bei den friedvollen Landschildkröten, weiß zu begeistern.

Nicht nur die Natur können Sie auf dieser Tour erleben, denn Sie kommen eben auch durch **Tripoli**, die größte Stadt auf der Peloponnes-Durchquerung, und durch **Sparta**, das wichtigste Zentrum der südlichen Peloponnes. Dort werden Sie auch auf Spurensuche der griechischen Antike gehen können, vor allem in Sparta und dem nahe gelegenen **Mystras**. Die byzantinische Ruinenstadt zählt zum UNESCO-Weltkulturerbe. Daneben wandern Sie durch viele schöne und teilweise etwas touristischere Ortschaften und winzige, halb verlassene Bergdörfer.

Somit werden Sie auch viele Begegnungen und Berührungspunkte mit der griechischen Bevölkerung, ihrer Kultur und ihren Traditionen haben.

Der E4 auf der Peloponnes wird hauptsächlich durch Privatinitiative von Freiwilligen und den Gastgeberinnen und Gastgebern der **E4-Etap-Hotels** gepflegt und instand gehalten. Aktuelle Informationen zu Wegzustand und Lage finden Sie auf der Webseite der Initiatoren.

💻 www.e4-peloponnes.info

Generell handelt es sich bei dieser Tour noch eher um einen Geheimtipp und die Strecke wird zwar regelmäßig, aber mit sehr geringer Frequenz begangen. Ich habe im Juni 2022 genau einen Weitwanderer angetroffen. Tageswanderinnen und -wanderer gab es nur in der Vouraikos- und Lagada-Schlucht, und auch diese in überschaubarer Anzahl. Am beliebtesten ist das Unternehmen, mit der Bahn nach Kalavryta zu fahren und dann die Vouraikos-Schlucht nach Diakopto abzusteigen. Somit kommen Ihnen ganz am Anfang der Peloponnes-Durchquerung ein paar Leute entgegen. Abgesehen davon haben Sie die Natur quasi für sich allein. Auch in vielen Unterkünften war ich der einzige Gast.

Da der Weg nicht so stark frequentiert ist, gelten wir wandernden Freaks für die Bevölkerung teilweise als eine seltsame Erscheinung. Ich wurde unterwegs mehrfach angesprochen, ob ich Hilfe benötige und irgendwo hingefahren werden soll.

Die besten Wandermonate Mai, Juni und September sind außerdem absolute Nebensaison auf der Peloponnes. Daher war es in manchen kleinen Bergdörfern mit etwas Aufwand verbunden, noch etwas zu essen zu bekommen. Gastronomie und Dorfläden hatten mangels Kundschaft nämlich geschlossen.

Die Gastgeberinnen und Gastgeber der E4-Etap-Hotels sind aber sehr hilfsbereit und kümmern sich bestmöglich darum, die notwendige Infrastruktur für Weitwanderinnen und Weitwanderer zu stellen. Sie öffnen also gern auch für Einzelgäste und helfen bei der Versorgung mit Lebensmitteln, falls sie keine Bewirtung anbieten. Allerdings sollten Sie unbedingt ein, zwei Tage im Voraus reservieren, damit man überhaupt weiß, dass es Gäste gibt.

Land und Leute

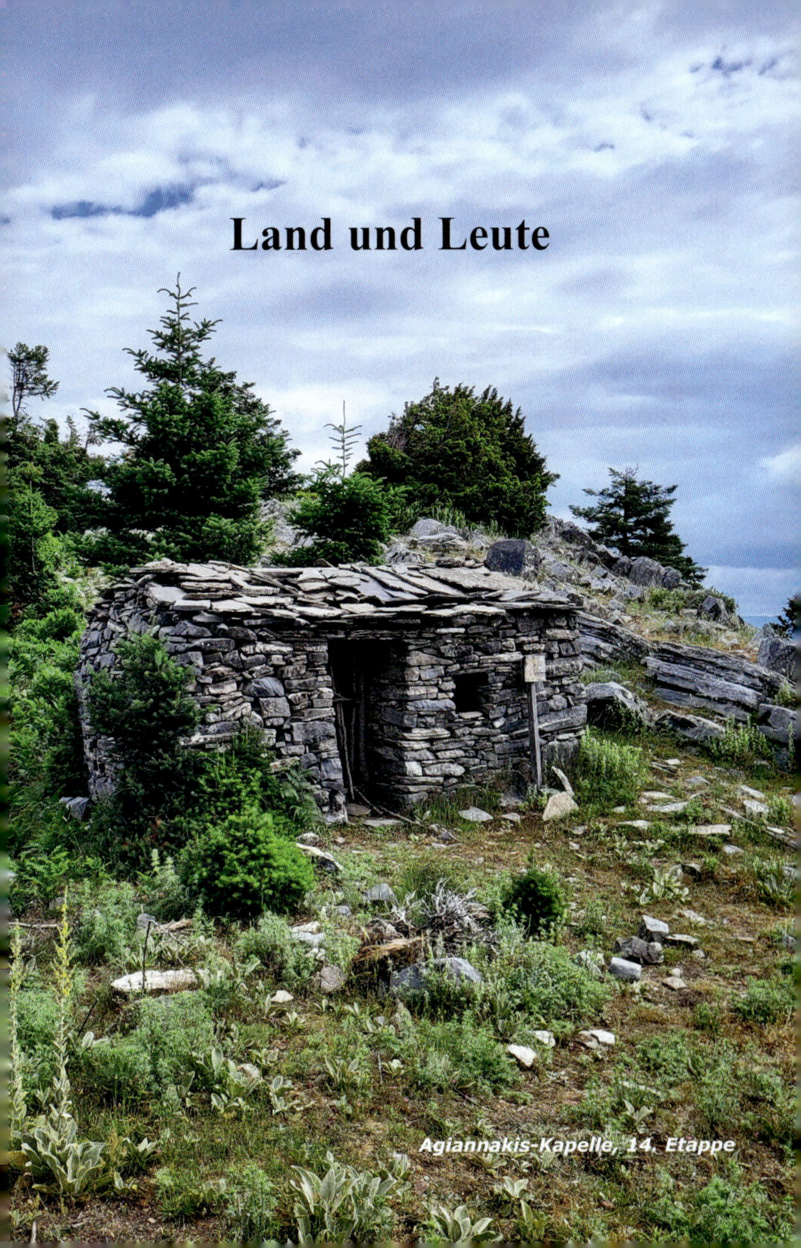

Agiannakis-Kapelle, 14. Etappe

Bevölkerung und Kultur

Auf dieser Weitwanderung durchqueren Sie die Peloponnes-Halbinsel fast komplett. Sie besuchen die griechischen Regionalbezirke **Achaia** der Region Westgriechenland sowie **Arkadien** und **Lakonien** der Region Peloponnes. Schon der Name lässt erahnen, wie tief Sie auf dieser Weitwanderung in die griechische Mythologie eintauchen können: Die Halbinsel trägt den Namen von **Pelops**, Sohn des **Tantalos**, der ihn den Göttinnen und Göttern als Speise vorgesetzt haben soll, um ihre Allwissenheit zu testen. Diese erkannten die grausige Tat jedoch, erweckten Pelops wieder zum Leben und verbannten den Vater in die Unterwelt. Pelops stieg später zum Herrscher von Pisa auf und dehnte sein Gebiet bis nach Arkadien aus, woraufhin er der ganzen Halbinsel seinen Namen verlieh.

Die Geschichte der Peloponnes reicht in die Antike zurück. Sie ist geprägt von der griechischen und unter anderem auch osmanischen, römischen und byzantinischen Besiedlung. Der immense **kulturelle Reichtum** lässt sich in mehreren UNESCO-Welterbe- und Weltkulturerbestätten bestaunen. Dazu zählen das historische **Olympia**, die byzantinische Stadt **Mystras** und das prachtvolle **Theater von Epidauros** bei Nafplio. Bei **Korinth** wurde die Peloponnes im 19. Jahrhundert mit einem Kanal für die Schifffahrt vom Festland getrennt, sodass es sich bei der Halbinsel heute faktisch um eine künstliche Insel handelt.

Abseits der wenigen Touristenhotspots finden Sie auf der gebirgigen Peloponnes größtenteils ein unberührtes Griechenland vor: Kleine und kleinste Bergdörfer, in denen teilweise nur noch eine Handvoll Menschen leben, und Olivenhaine traditioneller Ölproduktionen mit den edlen Kalamata-Oliven, daneben Schafzucht, Honigproduktion und Orangenanbau bieten ein beschauliches Bild in der sehr fruchtbaren Landschaft. Dies trifft auf eine stellenweise sehr wilde Natur mit alpinem Charakter. Durch die wilde Ausformung der felsigen Küste finden sich auch viele einsame Badebuchten und kleine Strände. Das alles macht die Peloponnes zu einem sehr attraktiven Wanderziel. Gleichzeitig hat sich die Bevölkerung eine große Gelassenheit bewahrt und der Rest Europas ist gefühlt sehr weit weg.

Während mit vielen Gastgeberinnen und Gastgebern und in den belebten Orten meistens die Verständigung in Englisch möglich ist, werden Sie sich oft ohne Griechischkenntnisse nur mit Händen und Füßen verständigen können. Das ändert aber nichts an der Gastfreundlichkeit und daran, dass man alles versuchen wird, Sie zu unterstützen. Falls man Ihnen einen Telefonhörer hinhält: Es ist „der Verwandte, der Englisch spricht“ dran.

Geologie

Die Peloponnes ist der südlichste Abschnitt des **Balkans**. Sie wird seit Existieren des Korinther Kanals komplett vom Mittelmeer umflossen, mit der **Ägäis** im Osten und dem **Ionischen Meer** im Westen.

Wie der gesamte Balkan ist auch die Peloponnes von vielen hohen und teilweise schwer zugänglichen, wasserreichen Gebirgszügen geprägt. Sie begünstigen das fruchtbare Klima der dazwischenliegenden, weit auslaufenden Talebenen, die trotz großer Hitze im Sommer das ganze Jahr über so viel Grundwasser haben, dass sich zu jeder Jahreszeit eine überbordende Vegetation mit weit gestreckten Wäldern findet. Die niederschlagsreichen Winter sorgen für das regelmäßige Auffüllen der natürlichen Wasserspeicher und temporär tragen Flusstäler und Seebecken auch Wasser, sie sind in den heißen Monaten aber fast alle versickert.

Dank der unzähligen natürlichen Quellen und der flächendeckend errichteten Brunnen in den Dörfern und auf den Feldern ist die Wasserversorgung für Mensch und Natur ganzjährig sichergestellt.

Die diffizile Situation im Sommer verursacht jedoch immer wieder verheerende Brände wie zuletzt im Jahr 2021. Auch Erdbeben treten häufig auf, bedingt durch architektonische Verschiebungen der Afrikanischen und der Arabischen Platte. Diese Verschiebungen haben über die Jahrtausende die Gebirgszüge mit ihren teilweise dramatischen Schluchten und Steilwänden hervorgebracht, deren höchste Gipfel fast ganzjährig schneebedeckt bleiben.

Der höchste Gebirgszug ist das **Taygetos** im Süden der Halbinsel, dessen Ausläufer bis zum Messenischen und Lakonischen Golf reichen. Dessen höchster Berg heißt wie so viele andere griechische Gipfel **Profitis Ilias** und hat eine Höhe von 2.407 m. Ebenfalls weit auslaufend, aber nicht ganz so hoch ist das nordöstliche **Parnon-Gebirge**. Im Zentrum erhebt sich das Menalo-Gebirge und der Nordteil der Insel ist sehr zerklüftet durch viele kleinere und sehr hohe Massive wie den **Chelmos** (2.338 m) und den **Kyllini** (2.347 m).

Flora und Fauna

Entsprechend der guten Grundwassersituation fühlen sich fruchtreiche Bäume und blütenreiche Pflanzen auf der Peloponnes sehr wohl und tauchen sie im Frühling und Frühsommer in ein fantastisches, buntes Farbenkleid. Wildblumen wie Orchideen, Mohn, die margeritenähnlichen Anthemis oder Anemonen verzieren mit Dill, Anis, Salbei und anderen Wildkräutern die Wiesen.

Zu den häufigsten der blühenden Sträucher gehören Mastix, Ginster und Oleander. Nicht nur die Wiesen sind wild überwuchert, auch auf den Waldböden gedeihen im Schatten der Bäume typische blütenarme Pflanzen wie diverse Farnarten und dornige Sträucher.

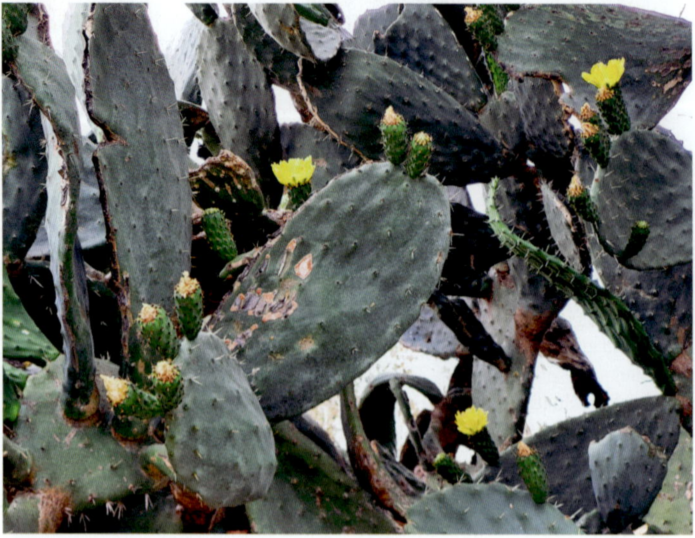

Blühende Kaktusfeigen

Die zahlreichen riesigen Waldflächen werden von Nadelgehölzen, vornehmlich Kiefern, dominiert. In höheren Regionen treten auch Fichten auf und die in kleinen Gruppen hoch aufragenden Zypressen sind in den Landschaftszügen schon von Weitem zu sehen. Wo sich Misch- und Laubwälder ausgebildet haben, machen die mächtigen Platanen und Eichen den größten Teil des Bestands aus. Daneben finden sich auch Ahorn, Buchen und vor allem an Flussufern Weiden. Granatapfel- und Johannisbrotbäume stehen eher frei auf Wiesen. Die häufigsten Nutzbäume sind sicher die Oliven- und Zitrusbäume, die aus dem Landschaftsbild nirgends wegzudenken sind und sich in lichten Hainen am wohlsten fühlen. Je weiter Sie in den Süden gelangen, desto öfter begegnen Sie neben den Orangen- und Zitronenbäumen auch Kaktusfeigen und Palmen.

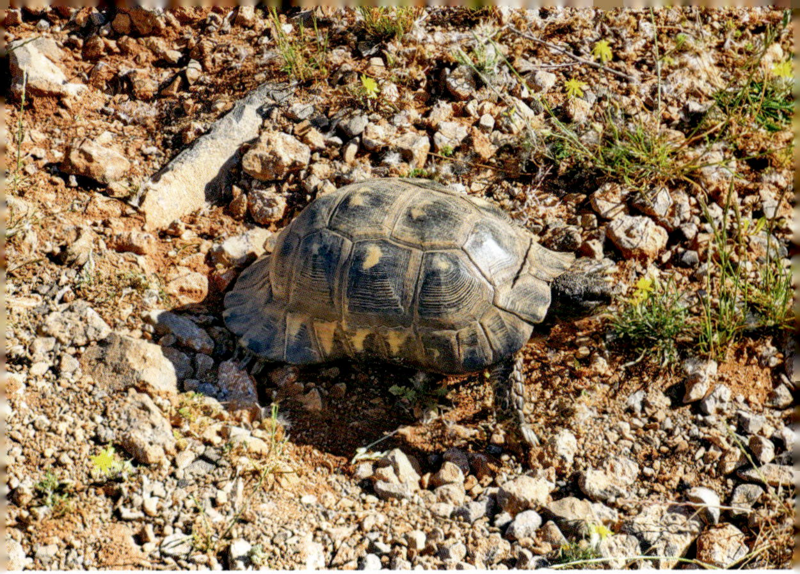

Landschildkröte

Was die Wildtiere angeht, so sticht als große Besonderheit die Landschildkröte heraus (*Testudo marginata, Testudo henmanni* und *Testudo gracea*). Die kleinen und friedsamen Tiere sind allerorten anzutreffen und scheren sich recht wenig um das Geschehen ringsherum. Auch viele andere Reptilien wie riesige Nattern schätzen das heiße Klima, sind für Menschen aber in der Regel ungefährlich. Zum bunten Blütenmeer tragen die genauso bunten Schmetterlinge bei, von denen es 125 Arten geben soll.

Sehr scheu hingegen sind die anderen Wildtiere wie Wildschweine, die vor allem in der zentralen Peloponnes beheimatet sind und deren Nähe hauptsächlich an den aufgewühlten Wegen erkannt werden kann. Auch von den Füchsen, Dachsen und Schakalen sowie zahlreichen Kleinsäugetieren werden Sie wohl nichts mitbekommen, außer vielleicht mal ein Rascheln im Unterholz.

Reise-Infos von A bis Z

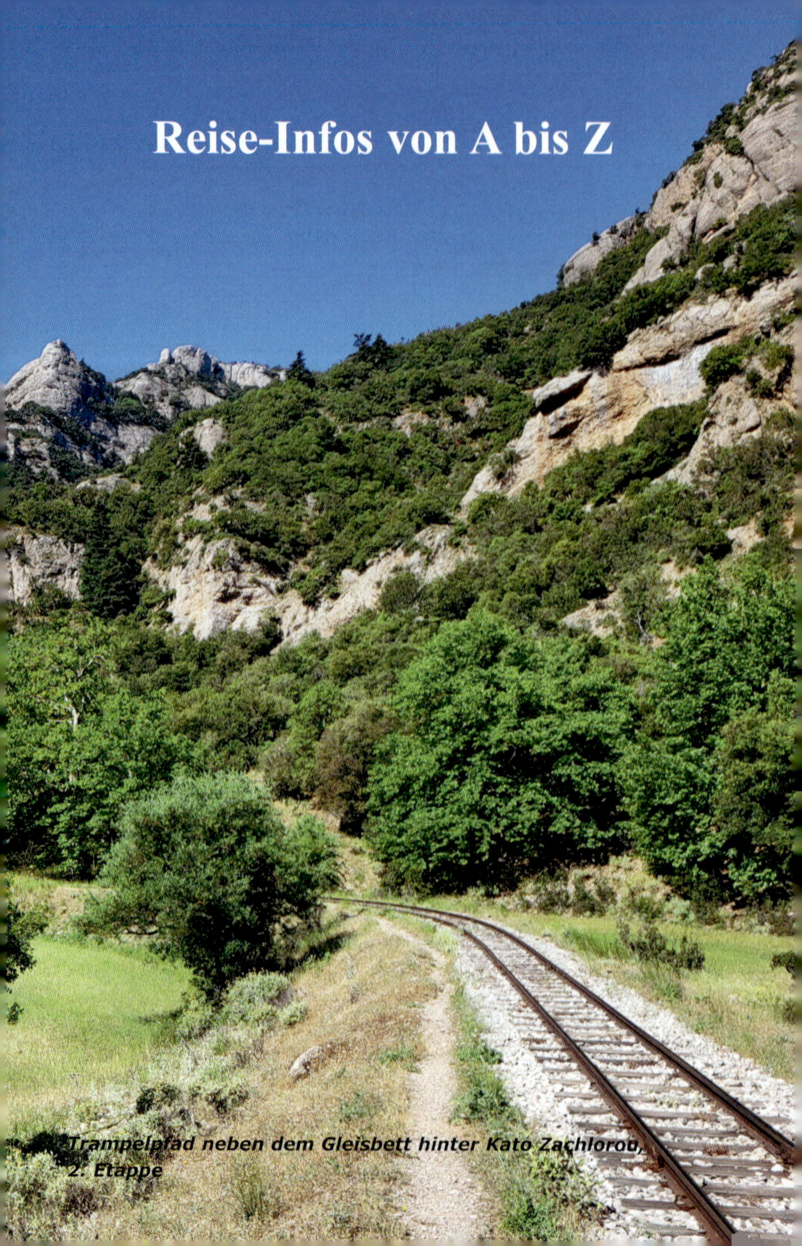

Trampelpfad neben dem Gleisbett hinter Kato Zachlorou, 2. Etappe

Anforderungen

Auf dem E4 Peloponnes sind gut 300 km mit jeweils 9.180 Hm im Auf- und Abstieg zu bewältigen. Dies stellt keine allzu große Herausforderung für geübte Wanderinnen und Wanderer dar. Gemäß dem Charakter einer Weitwanderung liegen auch keine Gipfel direkt auf der Route. Somit halten sich die Auf- und Abstiege in Grenzen. Ein Mindestmaß an körperlicher Fitness durch regelmäßiges Ausdauertraining ist jedoch unbedingt zu empfehlen.

Die größte Herausforderung auf der Peloponnes-Durchquerung ist sicherlich die Hitze, besonders in den frühen Nachmittagsstunden. Dies erfordert eine gewisse mentale Stärke sowie etwas Erfahrung im Umgang damit. Nutzen Sie alle Optionen, sich an Dorfbrunnen zu erfrischen und nicht nur genug Wasser zu trinken. Kühlen Sie auch den Körper dort, wo der Puls sitzt und wo große Hitze entsteht, mit Wasser: Stirn, Schläfen, Nacken, Unterarme, Handgelenke. Am angenehmsten zum Wandern sind die Vormittagsstunden und am späten Nachmittag lässt die Hitze auch bereits wieder spürbar nach. Essen Sie tagsüber auch am besten nur kleine Snacks und legen Sie die Hauptmahlzeit auf den Abend – wie es ja ohnehin beim Bergwandern üblich ist. Helle Kleidung, eine Sonnenmütze mit Schirm, Sonnenbrille und Sonnenschutzmittel mit sehr hohem UV-Schutzfaktor sind unverzichtbar. Tragen Sie außerdem Halbschuhe, damit der Hitzestau auch an den Füßen vermieden wird. Die zweitgrößte Herausforderung auf dieser Weitwanderung ist die Orientierung, da der E4 auf der Peloponnes abschnittsweise nur dürftig bis gar nicht oder sogar irreführend markiert ist. Hilfestellung wird in den Etappen gegeben, aber verwenden Sie unbedingt zusätzlich GPS-Navigation.

An- und Abreise

Ab Deutschland

Von der Anreise mit Auto aus Deutschland ist schon aufgrund der über 2.000 km Entfernung und der komplizierten Route mit teilweise schlechten Straßenverhältnissen abzuraten. Außerdem müssten Sie nach der Tour mit Bussen via Korinth zum Startpunkt zurück. Sollten Sie dies dennoch vorhaben, führt Sie die Autofahrt einmal komplett über den Balkan durch Ungarn, Serbien und Nordmazedonien und Sie erreichen Griechenland bei **Thessaloniki**. Auf die Peloponnes gelangen Sie über die spektakuläre Rio-Andirrio-Brücke bei **Patras**. Eine Alternative ist, von **Venedig** die Fähre nach Patras (ca. 32 h Fahrt) zu nehmen.

www.directferries.de

Aus Deutschland mit der Bahn anzureisen, ist derzeit nur über höchst komplizierte Verbindungen möglich und würde über zwei Tage beanspruchen. Es ist somit leider keine Option.

Bei Anreise mit dem Flugzeug aus Deutschland ist der **Internationale Flughafen Athen (ATH)** die beste Option für diese Wanderung. Er ist auch der wichtigste Flughafen des Landes und wird hochfrequent von unzähligen Fluglinien bedient.

aia.gr

In Griechenland

Der Startpunkt und der Zielpunkt der Peloponnes-Durchquerung sind gut mit öffentlichen Verkehrsmitteln zu erreichen. Daneben haben die Städte Tripoli und Sparta große Busbahnhöfe, sodass die Gesamtstrecke auch gut über mehrere Urlaube in mehrere Abschnitte aufgeteilt werden kann.

Die Taxistrecke vom Flughafen Athen in die Stadt ist extrem teuer. In Anbetracht des umfangreichen ☞ Bus- und ☞ Zugangebots ist es aber auch völlig unnötig, dafür ein Taxi zu nehmen.

Der Startpunkt des E4 in **Diakopto** ist an das Schienennetz angeschlossen (von Athen mit Umsteigen in Kiato). Hauptsächlich im Raum **Athen** (Hauptbahnhof Larissa/Larissis, nördlich des Zentrums, vom Flughafen mit der Vorstadtbahn Proastiakos in 45 Minuten erreichbar) sowie am Anfang des E4 auf der Strecke **Diakopto – Kalavryta** finden sich für den E4 relevante Metro- und Zugverbindungen.

Für alle vorhandenen Verbindungen finden Sie Infos und Tickets auf der Webseite und in der App der staatlichen Eisenbahngesellschaft.

♦ Hellenic Train App

www.hellenictrain.gr/en

Startpunkt Diakopto

Vom **Internationalen Flughafen Athen (ATH)** kommen Sie in einer halben Tagesreise mit dem Zug sehr gut nach Diakopto. Nehmen Sie vom Flughafen die Vorstadtbahn Proastiakos zum **Hauptbahnhof Larissa/Larissis** (ca. 45 Minuten). Von dort fahren Sie mit der Regionalbahn nach Diakopto mit Umstieg in Kiato. Außerdem bestehen von Diakopto mehrmals täglich Zugverbindungen von/nach **Patra**.

♦ Hellenic Train App

www.hellenictrain.gr/en

Kato Zachlorou

Die erste Ortschaft auf dem E4 ist ein Haltepunkt der historischen Bahnstrecke Diakopto – Kalavryta (Bahnhof Megalo Spilaio).

www.hellenictrain.gr/en

Kalavryta

Die zweite Ortschaft auf dem E4 ist Endhaltepunkt der historischen Bahnstrecke Diakopto – Kalavryta.

www.hellenictrain.gr/en

Tripoli

Die größte Stadt auf dem E4 Peloponnes hat auch einen großen öffentlichen Busbahnhof, der **KTEL Arkadias** mit mehreren Verbindungen täglich nach Athen.

ktelarkadias.gr

Sparta

Sparta hat einen großen öffentlichen Busbahnhof, **KTEL Sparti** mit mehreren täglichen Verbindungen nach Athen.

www.ktel-lakonias.gr

Zielpunkt Gythio

Den Flughafen Athen erreichen Sie von Gythio in einer halben Tagesreise am besten mit Bussen:

Gythio hat einen kleinen **KTEL**-Busbahnhof mit drei Direktverbindungen pro Tag nach Athen zum Busbahnhof **KTEL Kifisou**. Dieser ist mit dem Flughafen über die Linie **X93** verbunden (Fahrtdauer: 65 Minuten).

www.ktel-lakonias.gr

Apps

Folgende kostenlose Apps eignen sich gut zur Unterstützung bei der Planung und Durchführung der Tour:

- **Booking.com** zur Suche und Buchung von Unterkünften
- **Google Maps** für die Recherche von Adressen, öffentlichen Verkehrsmitteln, Unterkünften, Sehenswürdigkeiten etc.
- **Google Übersetzer** für die Verständigung

- ▷ **Hellenic Train** für die Suche und Buchung von Zugverbindungen
- ▷ **Sicher reisen** für tagesaktuelle Reise- und Sicherheitshinweise des Auswärtigen Amtes
- ▷ **Taxiplon** für die Suche und Buchung von Taxis
- ▷ **Yr Wetter** ist die herausragende Wetter-App des norwegischen Wetterinstituts mit pass- und gipfelgenauen Vorhersagen.

Darüber hinaus sind unter ☞ GPS-Navigation kostenpflichtige Apps für die dringend zu empfehlende GPS-Navigation genannt.

Ausrüstung und Packliste

Für den E4 auf der Peloponnes ist eine Ausrüstung erforderlich, die den Anforderungen und Beanspruchungen einer Weitwanderung durch teilweise alpines Gelände gerecht wird. Sie benötigen zwar keine besondere technische Ausstattung, aber die Ausrüstung und Kleidung muss den Anforderungen des Bergwanderns genügen und ein breites Spektrum an klimatischen Bedingungen und Untergründen abdecken. Zudem haben Sie unterwegs nur wenige Gelegenheiten, Ausrüstungsgegenstände auszutauschen, sodass Sie eine entsprechend verlässliche Qualität benötigen.

Da Sie Ihr gesamtes Hab und Gut zwei Wochen lang auf dem eigenen Rücken tragen, achten Sie dringend auf ein geringes Packgewicht. Als Faustregel kann ein absolutes Maximum von 20 % des Körpergewichts gelten, Sie sollten aber in Ihrem eigenen Interesse eher 10 % anstreben. Ihr Rücken und Ihre Gelenke werden es Ihnen danken.

Wählen Sie Dinge für mehrere Einsatzzwecke, anstatt alles einzeln mitzunehmen. Kleidung aus Funktionstextilien lässt sich leicht zwischendurch waschen, sodass Sie kaum Wechselklamotten benötigen.

Diese Artikel zählen zur Basisausrüstung:

- ☐ Wanderschuhe mit rutschfester Sohle und wasserdichtem Obermaterial
- ☐ gepolsterte Socken, um Blasenbildung und Druckstellen zu vermeiden
- ☐ Unterhosen aus schnell trocknendem Material
- ☐ T-Shirts aus hellem und schnell trocknendem Material und idealerweise mit nachgewiesenem UV-Schutz
- ☐ Regenjacke
- ☐ wärmende Isolationsjacke für die manchmal sehr frischen Abende
- ☐ Wanderhose mit abzippbaren Beinen

- ☐ Sonnenmütze/Sonnenhut
- ☐ Trekkingstöcke mit Teleskopstangen für steile Passagen sowie ggf. den Zeltaufbau
- ☐ Rucksack mit wasserdichtem Obermaterial bzw. Regenhülle, gepolstertem Hüftgurt und ca. 45 Litern Volumen
- ☐ Taschenmesser mit Schere und Pinzette für alles von der Essenszubereitung bis zur Körperpflege
- ☐ Trinkflasche mit 1,5 Litern Volumen
- ☐ Papiertaschentücher
- ☐ Deodorant
- ☐ Zahnpasta
- ☐ Zahnbürste
- ☐ Sonnenschutzmittel mit mindestens UV-Schutz-Faktor 50
- ☐ Blasenpflaster für den Fall der Fälle
- ☐ Kohletabletten gegen Durchfall
- ☐ Wundspray zur Desinfektion und Befeuchtung bei Verletzungen
- ☐ Erste-Hilfe-Set mit Rettungsdecke, Verbandszeug, Pflaster etc.
- ☐ Smartphone für eine wachsende Zahl an Einsatzzwecken, von Notrufen über Organisation von Unterkünften und Transport, ☞ GPS-Navigation, Taschenlampe, Kamera bis hin zum Wecker; optional mit einer Smartwatch oder einem GPS-Gerät ergänzen
- ☐ Ladegerät und Ladekabel
- ☐ Powerbank mit mindestens 20.000 mAh Ladekapazität, da Sie Ihr Handy oft zwischendurch nachladen müssen
- ☐ Energieriegel für zwischendurch
- ☐ Wasser- und luftdichte Packsäcke für Flüssigkeiten, Schmutzwäsche und Abfälle

Wenn Sie zelten und/oder sich selbst verpflegen möchten (siehe auch ☞ Lebensmittelversorgung), benötigen Sie zusätzlich folgende Dinge:

- ☐ Trekkingzelt
- ☐ Zeltheringe
- ☐ Drei-Jahreszeiten-Schlafsack für die in Höhenlagen sehr kalten Nächte
- ☐ Isomatte
- ☐ biologisch abbaubare Reiseseife für Körper, Kleidung und ggf. Geschirr
- ☐ Mikrofaserhandtuch, das kaum Gewicht hat und schnell trocknet
- ☐ Gaskocher

- ☐ Gaskartusche mit Schraubverschluss, die beliebig oft an- und abmontiert werden kann
- ☐ Koch-/Essgeschirr
- ☐ Spork (Mischung aus Löffel und Gabel für alle Mahlzeiten)
- ☐ Reisewäscheleine

Diplomatische Vertretungen

Ⓓ **Botschaft der Bundesrepublik Deutschland**, Karaoli & Dimitriou 3, 10675 Athen, ☎ +30/210/728 51 11, Notfall: 📱 +30/693/233 81 53, 💻 griechenland.diplo.de, 🚪 Mo-Fr 9:00-12:00

Ⓐ **Österreichische Botschaft**, Vasilissis Sofias 4, 10674 Athen, ☎ +30/210/725 72 70, Notfall: 📱 +30/69 44/27 81 48, 💻 www.bmeia.gv.at/oeb-athen, 🚪 Mo-Fr 8:00-16:00

(CH) **Schweizerische Botschaft**, Iassiou 2 Kolonaki, 11521 Athen, ☎ +30/210/723 03 64, Notfall: +41/800/24 73 65, ✉ athens@eda.admin.ch, 💻 www.eda.admin.ch/athens, 🚪 Mo-Fr 10:00-12:00

Einreise und Zoll

Für Griechenland gelten die üblichen Einreise- und Einfuhrbeschränkungen des EU-Raums. Für Staatsangehörige von Ländern der EU, des Europäischen Wirtschaftsraums (EWR) und der Schweiz genügt als Ausweisdokument ein gültiger Personalausweis. Der Aufenthalt ist bis zu drei Monate möglich. Für längere Aufenthalte benötigen Sie eine Registrierung.

Tagesaktuelle Reise- und Sicherheitshinweise, ggf. anlassbezogene Einreisebestimmungen und Informationen zu den Zollbestimmungen sind auf der Webseite des Auswärtigen Amts und mit der dazugehörigen App „Sicher reisen“ abrufbar.

💻 www.auswaertiges-amt.de

Elektrizität

Die Steckdosen in Griechenland haben die gleiche Spannung von 230 V wie in Deutschland. Für Eurostecker und flache Stecker wie bei gängigen Ladegeräten benötigen Sie keinen Adapter.

Auflademöglichkeiten für Smartphone und Ersatzakku finden sich in allen Unterkünften.

Nehmen Sie für Ihr Smartphone unbedingt einen Ersatzakku (Powerbank) mit, damit Sie das Gerät zwischendurch auch ohne Steckdose wieder aufladen können.

Wenn Sie Telefon und mobiles Internet nicht benötigen, sollten Sie das Gerät in den Flugmodus versetzen. In abgelegenen Gegenden gibt es häufig kein Netz und das Handy verbraucht bei der ständigen Suche nach Netz unnötig Akku.

Essen und Trinken

Bei den ☞ Etappen sind nicht nur **Unterkunftsmöglichkeiten**, sondern auch **Einkaufs- und Einkehrmöglichkeiten** direkt am Weg genannt. Bei größeren Ortschaften mit mehr als zwei Angeboten in einem Bereich, also beispielsweise mehreren Restaurants, ist aber immer nur ein Vorschlag aufgeführt, da Sie hier leicht selbst vor Ort Ihre Wahl treffen können.

Grundsätzlich bieten die E4-Etap-Hotels und andere Unterkünfte mindestens eine kleine Bewirtschaftung mit Abendessen und Frühstück an. Daneben gibt es in sehr vielen Dörfern entlang des E4 Tavernen oder zumindest ein Kafenion, das auch ein kleines Speisenangebot hat. Diese verfügen allerdings nicht immer über offizielle Öffnungszeiten, außerdem können sie in der Nebensaison mangels Kundschaft auch spontan geschlossen sein. Erkundigen Sie sich in diesem Fall bei Einheimischen nach Verpflegungsmöglichkeiten, in aller Regel werden Sie auf große Hilfsbereitschaft stoßen.

Supermärkte sind nur in großen Ortschaften zu finden. Viele Dörfer haben aber einen **Mini Market** mit kleinem Lebensmittelsortiment. Da es in den Unterkünften häufig eine Kochgelegenheit gibt, können Sie sich also auch gut selbst versorgen.

Zusätzlich ist bei den Etappen genannt, in welchen Orten es **Tankstellen** gibt, da diese in der Regel ebenfalls ein kleines Sortiment an Lebensmitteln und Hygieneartikeln anbieten.

✋ Bitte beachten Sie: Die besten Wandermonate Mai, Juni und September sind auf der Peloponnes absolute Nebensaison! Das heißt, dass in den weniger touristischen Ortschaften und teilweise winzigen Dörfern Restaurants und Läden unter Umständen mangels Kundschaft geschlossen bleiben oder dass die Hotels wegen der wenigen Gäste keine Verpflegung stellen. Erfragen Sie also am besten bei Reservierung die aktuelle Situation und beachten Sie die Hinweise in den Etappenbeschreibungen.

In den vielen kleinen Dörfern entlang des E4 geht es eher informell zu. Das heißt, dass Geschäfte und Restaurants keine Öffnungszeiten angeben. Eventuell müssen Sie sich also vor Ort nach den Optionen erkundigen, werden aber jederzeit auf sehr hilfsbereite Menschen treffen, die Ihnen die nötigen Auskünfte beschaffen.

Sollten Sie sich mit Zelt und **Gaskocher** selbst versorgen wollen, besorgen Sie die Gaskartusche unbedingt vor Tourenbeginn. Der Transport im Flugzeug ist verboten, sie muss also bei Anreise mit dem Flieger vor Ort erworben werden. In sehr großen Supermärkten oder in Outdoor-Läden finden Sie Schraubkartuschen.

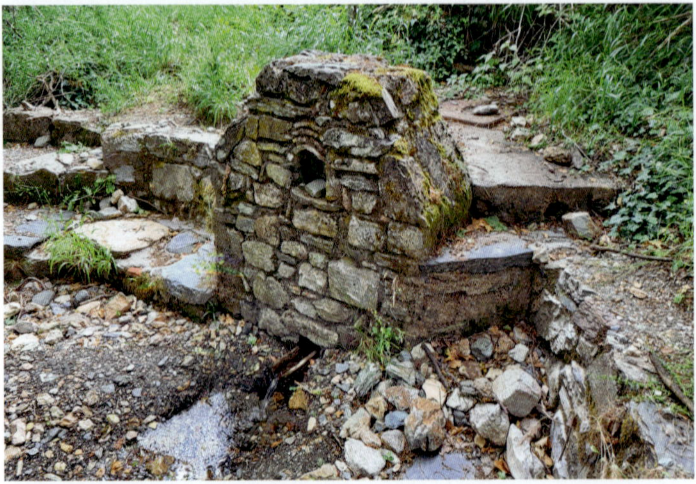

Dorf- und Quellbrunnen wie an der Platanitsa-Quelle versorgen Sie unterwegs mit Wasser, 13. Etappe

Wegen der großen Hitze werden Sie tagsüber große Mengen an **Trinkwasser** benötigen. Dies brauchen Sie aber nicht in großen Mengen zu schleppen, denn die Halbinsel verfügt aufgrund des sehr feuchten Winterhalbjahres über sehr viel Grundwasser. Daher hat so gut wie jeder Ort einen Brunnen mit hervorragender Wasserqualität. In den gebirgigeren Abschnitten passieren Sie außerdem viele Quellen mit köstlichem Wasser. Alle Möglichkeiten zum Wasserzapfen, die ich im Juni 2022 prüfen konnte, sind in den Etappen genannt.

Daneben erhalten Sie natürlich Wasserflaschen in den **Mini Markets** und können auch in allen **Restaurants** und **Kafenions** darum bitten. Hier erhalten Sie diese oft sogar kostenfrei dazu, wenn Sie etwas konsumieren.

Das **Leitungswasser** hat überall Trinkwasserqualität und kann bedenkenlos verwendet werden. In den Städten hat es allerdings einen unangenehmen Geschmack und hier sollten Sie lieber Wasser aus dem Supermarkt holen.

Bitte beachten Sie, dass in den Sommermonaten die meisten Bäche und Flüsse ausgetrocknet sind. Dies kann dazu führen, dass auch manche Brunnen versiegen. Also verlassen Sie sich nicht zu 100 Prozent darauf und packen Sie auf jeden Fall morgens 1,5 Liter Wasser ein.

Etappenübersicht und -aufteilung

Die hier vorgeschlagene Aufteilung in Tagesetappen steht ganz im Sinne des Genusswanderns und erfordert gut zwei Wochen Zeit. Sie ermöglicht es, die Tour mit einigermaßen gleichmäßigen Etappen zu absolvieren, die mit Pausen jeweils etwa einen ganzen Tag beanspruchen. Etwas kürzere Abschnitte zwischendurch bieten Entlastung und Zeit für Erholung durch frühes Erreichen des Etappenziels. Extrem lange Etappen wurden vermieden und die Ziele möglichst so gewählt, dass der Aufenthalt nach der Tagesetappe lohnend ist und erholsam ausfallen kann.

Am Ende jeder Tagesetappe gibt es mindestens eine Unterkunft und Verpflegungsmöglichkeiten, allerdings nicht immer direkt in der Unterkunft.

Zu jeder Etappe gibt es eine Karte und ein Höhenprofil. Die Aufzählung der wichtigen Punkte am Anfang der Etappen zeigt an, wo es entlang der Strecke weitere Übernachtungsmöglichkeiten gibt.

Einige Abschnitte bei Tripoli und Sparta (8. und 11. Etappen) sind aus Wanderperspektive nicht sehr schön. Sie können nur unter Beanspruchung von ☞ Taxis vermieden werden, wozu in den ☞ Etappen alle Tipps gegeben werden. Dadurch sparen Sie auch zwei, drei Wandertage ein. Wenn Sie nur sehr wenig Zeit zur Verfügung haben, ist es außerdem möglich, die ersten 1,5 Etappen mit der historischen Bahn zurückzulegen.

Die schönsten Etappen sind mit einem Stern markiert und auch als Tagestouren sehr zu empfehlen.

Natürlich wird schon allein aufgrund der Länge der Strecke jede Wanderin und jeder Wanderer ein eigenes Tempo finden und vielleicht von den Etappenvorschlägen abweichen wollen.

Daher sind auch alle anderen auf dem Weg liegenden Übernachtungsmöglichkeiten sowie Möglichkeiten zur Einkehr aufgeführt. Beachten Sie allerdings, dass es nicht allzu viele alternative Orte mit Übernachtungsmöglichkeiten gibt. Also planen Sie entsprechend vorausschauend.

Unbedingt sollten Sie sich auch zwischendurch mal einen Ruhetag gönnen, zum Beispiel, wenn es Ihnen in einer Unterkunft oder an einem Ort besonders gut gefällt. Das dient der Regeneration und dem stressfreien Genuss der Fernwanderung und wird Ihrer mentalen Verfassung sehr zuträglich sein.

Die Beschreibung der ☞ Etappen folgt der orografischen Logik, die für das Bergwandern am intuitivsten ist. Die Bereiche des E4 sind dementsprechend nach Gebirgsgruppen und Landschaftszonen aufgeteilt und Angaben wie oben, unten, steil, flach und so weiter beziehen sich auf Höhenmeter, Hangneigungen, Hangexposition/-ausrichtung und die damit einhergehenden Fließrichtungen von Gewässern.

Wenn ein Abzweig links liegt, dann bedeutet das natürlich, dass Sie sich dort, wo Sie sind, nach links wenden. Mit dem linken Flussufer ist hingegen das von der Fließrichtung her links gelegene Ufer gemeint.

Diese tabellarische Übersicht verschafft Ihnen einen Überblick der Länge und des Zeitaufwandes für die vorgeschlagenen Etappen:

1. Etappe: Diakopto – Kato Zachlorou
➲ 12,9 km, ⌛ 4 Std. 35 Min., ↑ 1.010 m, ↓ 404 m, ⇧ 13-718 m

2. Etappe: Kato Zachlorou – Ano Lousi
➲ 17,9 km, ⌛ 5 Std. 30 Min., ↑ 663 m, ↓ 233 m, ⇧ 613-1.242 m

3. Etappe: Ano Lousi – Klitoria
➲ 19,9 km, ⌛ 6 Std. 5 Min., ↑ 442 m, ↓ 967 m, ⇧ 509-1.089 m

4. Etappe: Klitoria – Dara ☆
➲ 24,4 km, ⌛ 7 Std. 55 Min., ↑ 885 m, ↓ 758 m, ⇧ 472-1.006 m

5. Etappe: Dara – Vytina
➲ 18,8 km, ⌛ 5 Std. 20 Min., ↑ 604 m, ↓ 245 m, ⇧ 494-1.036 m

6. Etappe: Vytina – Kardaras
➲ 16,4 km, ⌛ 5 Std. 30 Min., ↑ 857 m, ↓ 876 m, ⇧ 1.009-1.683 m

7. Etappe: Kardaras – Tripoli
➲ 20,8 km, ⌛ 5 Std. 40 Min., ↑ 315 m, ↓ 666 m, ⇧ 656-1.039 m

8. Etappe: Tripoli – Ano Doliana
➲ 21,1 km, ⌛ 5 Std. 40 Min., ↑ 384 m, ↓ 67 m, ⇧ 648-987 m

9. Etappe: Ano Doliana – Karies
➲ 22,3 km, ⌛ 6 Std. 55 Min., ↑ 700 m, ↓ 776 m, ⇧ 905-1.304 m
10. Etappe: Karies – Vresthena ☆
➲ 11,7 km, ⌛ 3 Std. 30 Min., ↑ 178 m, ↓ 341 m, ⇧ 668-917 m
11. Etappe: Vresthena – Sparta
➲ 28,8 km, ⌛ 7 Std. 55 Min., ↑ 225 m, ↓ 769 m, ⇧ 191-754 m
12. Etappe: Sparta – Anavriti
➲ 13,3 km, ⌛ 4 Std. 35 Min., ↑ 727 m, ↓ 115 m, ⇧ 209-826 m
13. Etappe: Anavriti – Taygetos-Hütte ☆
➲ 12,5 km, ⌛ 5 Std., ↑ 894 m, ↓ 139 m, ⇧ 787-1.159 m
14. Etappe: Taygetos-Hütte – Arna ☆
➲ 16,2 km, ⌛ 6 Std. 20 Min., ↑ 454 m, ↓ 1.244 m, ⇧ 769-1.571 m
15. Etappe: Arna – Agios Nikolaos
➲ 15,6 km, ⌛ 5 Std. 30 Min., ↑ 600 m, ↓ 987 m, ⇧ 382-1.036 m
16. Etappe: Agios Nikolaos – Gythio
➲ 29,7 km, ⌛ 8 Std. 50 Min., ↑ 313 m, ↓ 667 m, ⇧ 2-485 m

Gehzeiten

Die in den Etappen angegebenen Gehzeiten verstehen sich als reine Gehzeiten ohne Pausen. Sie basieren auf der gängigen Formel mit Durchschnittsgeschwindigkeiten von 4 km/Std. horizontal, 300 Hm/Std. bergauf und 500 Hm/Std. bergab, nach der auch die Beschilderungen im Gebirge meist erfolgen. Entsprechend können sich anhand Ihres individuellen Tempos natürlich Abweichungen ergeben. Für Gruppen ist grundsätzlich mit längeren Gehzeiten zu rechnen.

Geld

In Griechenland ist der Euro wie in Deutschland die offizielle Währung. Das gebräuchlichste Zahlungsmittel ist die Kreditkarte, in der Regel können Sie jedoch auch mit EC-/Maestro-Karte zahlen. Das kontaktlose Bezahlen mit der Karte, dem Smartphone oder der Smartwatch via NFC ist weit verbreitet und selbst in kleinen Dorfläden möglich. Zu beachten: Ein paar Unterkünfte bestehen auf Barzahlung, daher sollten Sie unterwegs ausreichende Mengen an Bargeld dabeihaben.

Bargeld erhalten Sie an Geldautomaten in der Regel sowohl mit der Kreditkarte als auch mit der EC-/Maestro-Karte.

Bei den ☞ Etappen ist mit dem entsprechenden Symbol gekennzeichnet, welche Orte Geldautomaten haben.

Ob und in welcher Höhe Ihr Kreditinstitut für Auslandsabhebungen Gebühren berechnet, erfahren Sie dort. Unabhängig davon ist eine zusätzliche Geldautomaten-Gebühr vor Ort üblich, die in etwa drei Euro pro Abhebung beträgt.

Wenn Sie Ihre Bankkarte verlieren, sollten Sie diese schnellstmöglich telefonisch bei Ihrer Bank sperren lassen. Die meisten deutschen Banken sind auch dem deutschen Sperrnotruf angeschlossen:

- ☏ +49/116 116 oder +49/(0)30/40 50 40 50, 💻 www.sperr-notruf.de

Internet und Telefon

Da Griechenland wie Deutschland Mitgliedstaat der Europäischen Union ist, fallen beim Telefonieren und Surfen mit dem eigenen Smartphone keine zusätzlichen Gebühren für das Roaming an. Die Kosten entsprechen denen Ihres Tarifs, die auch innerhalb Deutschlands anfallen.

Achten Sie vor Reiseantritt darauf, dass Sie ausreichend Inklusivvolumen für mobiles Internet haben, da extra Datenvolumen oft mit hohen Kosten verbunden ist.

Bitte beachten Sie: Im Gebirge haben Sie über weite Strecken weder Handyempfang noch mobiles Internet. Es funktioniert nur der Notruf. Auch in kleinen Ortschaften kann die Verbindung schwach bis nicht vorhanden sein.

In Hotels und auf Campingplätzen sowie in den großen Busbahnhöfen können Sie in der Regel kostenfrei WLAN nutzen.

Vorwahlen

- ▷ Gespräche von Griechenland ins Ausland: Vorwahl für das Ausland 00 + Vorwahl für das gewünschte Land (49 für Deutschland, 43 für Österreich, 41 für die Schweiz) + Vorwahl des gewünschten Ortsnetzes oder Mobilfunknetzes ohne führende 0
- ▷ Gespräche von Deutschland nach Griechenland: Vorwahl für Griechenland 00 30 + Ortsvorwahl der gewünschten Region (beginnend mit 2) oder des Mobilfunknetzes (beginnend mit 6)
- ▷ Gespräche innerhalb Griechenlands: Die Nummer ohne die Ländervorwahl und mit führender 0, also beginnend mit 02 (Ortsnetz) oder 06 (Mobilfunknetz)

Karten

Der Abschnitt des Fernwanderwegs E4 auf der Peloponnes wird mit folgenden amtlichen Topo-Karten abgedeckt. Diese haben leider unterschiedliche Maßstäbe von 1:22.000 bis 1:40.000 und es gibt beispielsweise südlich von Tripoli und ganz am Ende kurze Abschnitte, die nicht abgedeckt sind. Herausgeber ist der Verlag **Anavasi**.

▷ 8.2 Chelmos – Vouraikos
▷ 8.5 Mainalo
▷ 8.7 Parnon
▷ 8.1 Taygetos

☺ Die Kartenempfehlungen wurden von der Geobuchhandlung Kiel überprüft.
💻 www.geobuchhandlung.de

GPS-Navigation mit digitalen Karten

Die GPS-Navigation in Verbindung mit elektronischem Kartenmaterial gewinnt enorm an Bedeutung und ist aufgrund der teilweise kritischen Markierungssituation des E4 dringend zu empfehlen.

Für die GPS-Navigation ist eine App mit **Offline-Navigation** und bergtauglichem, topografischem Kartenmaterial (**Topo-Karten**) erforderlich. Die Touren lassen sich über Browserzugriff am PC mit selbst erstellten oder importierten GPS-Routen planen. Unterwegs kann nach Installation der dazugehörigen App auf GPS-fähigen Geräten darauf zugegriffen und navigiert werden.

Neuere **Smartphones** sind heutzutage in der Regel fähig, GPS-Signale auch ohne Internet- und Handynetz zu orten, sodass die meisten Wanderinnen und Wanderer damit navigieren können und kein extra GPS-Gerät brauchen. So sparen Sie sich auch das zusätzliche Packgewicht für die Papierkarten. Dank immer aktuellem Kartenmaterial, der leichten Orientierung mit dem GPS-Signal und der bequemen Handhabung über mobile Endgeräte bieten solche Outdoor-Apps gegenüber Papierkarten außerdem viele deutliche Vorteile.

Zu den Nachteilen gehört vor allem der hohe Akkuverbrauch von GPS-Modulen, sodass normale Smartphones nur einige Stunden durchhalten. Für längere Strecken sind daher **Smartwatches** oder extra **Navigationsgeräte** mit längerer Laufzeit empfehlenswert. Die Mitnahme einer Powerbank ist außerdem sehr wichtig, damit die Geräte zwischendurch jederzeit wieder aufgeladen werden können.

Ein weiterer Nachteil ist, dass in den Bergen bedingt durch Felswände das GPS-Signal unterbrochen sein kann. Somit zeigt Ihnen das Gerät möglicherweise Ihren Standort falsch oder gar nicht an. Allerdings können Sie in diesem Fall in der App die Kartenansicht aufrufen und sich dann wie mit einer Papierkarte orientieren.

Und schließlich zählt zu den Nachteilen, dass die meisten Geschäftsmodelle der Outdoor-App-Anbieter auf **Jahresabonnements** basieren und somit entsprechend laufende Kosten verursachen. Andererseits ist schon eine Jahresgebühr in der Regel geringer als die Kosten für das Papierkartenmaterial für eine einzige Tour. Es lohnt sich also grundsätzlich schon bei ein, zwei Wanderungen pro Jahr.

Der Markt für entsprechende Outdoor-Apps ist immer noch recht überschaubar und nicht alle Anbieter haben Topo-Karten für alle Wandergebiete. Zugriff auf die amtlichen Topo-Karten, die am genauesten und verlässlichsten sind, bieten derzeit Outdooractive und Locus Map.

Für die Wanderregion der Peloponnes kommen aktuell vier Anbieter infrage, wobei sich das in Anbetracht des dynamischen Marktes auch sehr schnell ändern kann.

AllTrails

▷ Jahresabo € 29,99
▷ eigene Topo-Karten
▷ App für Smartphone
💻 www.alltrails.com

komoot

▷ Kartenkauf Region € 8,99/Welt € 29,99/Jahresabo € 59,99
▷ eigene Topo-Karten
▷ Apps für Smartphone, Smartwatch und Navigationsgerät
💻 www.komoot.de

Locus Map

▷ Jahresabo ab € 10
▷ eigene Topo-Karten und amtliche Topo-Karten
▷ App für Smartphone (nur Android)
💻 www.locusmap.app

Outdooractive

- ▷ Jahresabo ab € 30
- ▷ eigene Topo-Karten und amtliche Topo-Karten
- ▷ Apps für Smartphone und Smartwatch
- 💻 www.outdooractive.com

Meine **GPS-Tracks** für die hier beschriebenen Etappen des E4 können Sie kostenfrei auf der Internetseite des Conrad Stein Verlags (💻 www.conrad-stein-verlag.de) herunterladen. Bitte verstehen Sie diese als Momentaufnahme und nicht als das Maß aller Dinge – die GPS-Navigation erspart nicht die Orientierung im Gelände, das Berücksichtigen akuter Wegbedingungen und eventuell geänderter Wegführungen sowie die Kartenarbeit.

📖 **GPS** *Grundlagen · Tourenplanung · Navigation* von Michael Hennemann, Conrad Stein Verlag, Basiswissen für draußen, ISBN 978-3-86686-769-7, ca. € 12,90, NEU 2023

Medizinische Versorgung

Wie die meisten europäischen Staaten haben auch Griechenland und Deutschland Sozialversicherungsabkommen abgeschlossen. Daher erhalten Mitglieder der deutschen gesetzlichen Krankenversicherung dort medizinisch notwendige Behandlungen mit der **Europäischen Krankenversicherungskarte (EHIC)**, die auf der Rückseite der Mitgliederkarte zu finden ist.

💻 www.ehic.europa.eu

Da nicht immer alle Behandlungskosten übernommen werden, empfiehlt sich unbedingt eine **ergänzende Auslandsreisekrankenversicherung**, die nur mit äußerst geringen Jahresbeiträgen einhergeht. Darüber hinaus kann in Anbetracht der Risiken des Bergsports der Abschluss einer privaten Unfallversicherung oder Reiseversicherung erwogen werden, welche auch Kosten für Bergwachteinsätze, Krankenrücktransport, Unfallfolgen und Ähnliches beinhaltet.

Notruf

Im Falle eines Unfalls kann in Griechenland die **europaweite Notrufnummer** ☏ 112 gewählt werden. Darüber werden Sie mit der nächstgelegenen Rettungsleitstelle verbunden.

Die Notrufnummer funktioniert grundsätzlich auch über Satellit, wenn das Handy keinen Netzempfang hat, und ist natürlich stets kostenfrei.

Die **Polizei** erreichen Sie unter ☏ 100. Bei Ausweisverlust, Diebstahl, Betrugsversuchen und Ähnlichem können Sie sich auch an die **Touristenpolizei** ☏ 171 wenden.

Für die Feuerwehr gilt in Griechenland die Notrufnummer ☏ 199.

Post

Die griechische Post ELTA (ΕΛΤΑ) ist am Symbol mit Hermes, dem Götterboten, zu erkennen. Sie ist mittlerweile privatisiert worden und transportiert Postkarten, Briefmarken und Pakete. Orte mit Postfilialen sind in den Etappen gekennzeichnet. Eilige Sendungen sollten mit „Priority“ frankiert werden. Briefmarken sind preislich ähnlich wie in Deutschland, Paketmarken hingegen kosten ein Vielfaches. Die Briefkästen sind wie in Deutschland gelb.

💻 www.elta.gr

Reisezeit

Die besten Reisezeiten für die Peloponnes-Durchquerung auf dem E4 sind die Monate **Mai, Juni** und **September**. In diesen Monaten gibt es so gut wie keinen Niederschlag und die mittägliche Hitze bleibt in der Regel unter 30 Grad. Im Mai und Juni profitieren Sie zusätzlich von der Blütezeit, sodass die gesamte Halbinsel im bunten Blütenkleid erstrahlt. Diese Monate sind absolute Nebensaison mit ihren Vor- und Nachteilen: Sie werden unterwegs auf sehr wenige Menschen treffen und die Natur ungestört genießen können. Allerdings hat mancherorts auch vieles geschlossen und es kann etwas aufwendig sein, Verpflegung zu organisieren.

Juli und August sind die Monate der Badegäste und es geht in den Küstenregionen trubelig zu, auch wenn das Hinterland davon verschont bleibt. Die Hitze ist tagsüber allerdings ziemlich unerträglich und nicht mit Ausdauersport vereinbar.

Die Hauptsaison auf der Peloponnes ist der Zeitraum Oktober bis April. Denn sie zieht inländische Touristinnen und Touristen an, weil sie in Anbetracht der monatelangen Hitze im ganzen Land die jetzt auf der Peloponnes vorherrschende Kälte ganz besonders schätzen! Die gebirgige Halbinsel erfrischt mit der kalten Bergluft die Gemüter und verwandelt sich im Dezember und Januar zusätzlich in ein regelrechtes Winterwunderland mit reichlich Schneefall.

Der Schnee bleibt in den Höhenlagen bis in den Sommer liegen und es gibt sogar ein paar winzige Skigebiete. Zum Wandern ist das Winterhalbjahr sicher nicht zu empfehlen, allein schon, weil es jetzt extrem viel Niederschlag gibt und die Halbinsel ihren Grundwasserspiegel auftankt.

Übernachtungsmöglichkeiten

Berghütte

Berghütten der regionalen Wandervereine befinden sich nur zwei entlang des E4 auf der Peloponnes: bei der 6. Etappe und am Ende der 13. Etappe. Sie funktionieren etwas anders als die Berghütten des Alpenraumes. So ist es erforderlich, ein bis zwei Wochen im Voraus zu reservieren, und es ist zu erfragen, ob Verpflegung angeboten wird. Bei der 13. Etappe ist es die einzige Übernachtungsmöglichkeit, Sie dürfen auch bei der Hütte zelten.

E4-Etap-Hotel

Die E4-Etap-Hotels bilden die entscheidende Infrastruktur der Peloponnes-Durchquerung. Sie sind gleichzeitig auch die Sponsoren für den Unterhalt und die Pflege des Weges, sodass Sie das mit einer Übernachtung dort unterstützen. In vielen kleinen Dörfern stellen sie ohnehin die einzige Unterkunftsmöglichkeit.

Es handelt sich um einen Zusammenschluss von Unterkünften unterschiedlichsten Standards. Das beginnt bei Unterkünften in Privathäusern, geht über einfache bis etwas bessere Hotels und reicht bis zu luxuriösen Steinhäuschen mit Zimmerservice. Viele dieser Unterkünfte sind hauptsächlich auf das Wintergeschäft ausgelegt, die Hauptsaison der Peloponnes. Daher haben sie oft auch einen Kamin, auf dessen Inbetriebnahme Sie im Sommer aber sicher gern verzichten. Die Unterkünfte setzen auf ein Zusatzgeschäft mit den Fernwanderinnen und -wanderern in der Nebensaison.

Die Übernachtungspreise variieren entsprechend der Bandbreite der Unterkünfte stark. Sie starten bei € 40, betragen manchmal aber auch das Doppelte. In der Regel zahlen Sie um die € 60 für ein Zimmer.

In allen E4-Etap-Hotels haben Sie ein eigenes Zimmer mit Bad, sehr oft auch mit einer Kochgelegenheit, und bekommen Handtücher und Duschgel gestellt. Verpflegung gehört jedoch bei einigen der Unterkünfte nicht zu den angebotenen Leistungen, sodass Sie auf Dorfläden und Tavernen angewiesen sind.

Die E4-Etap-Hotels lassen sich zu einem großen Teil über gängige Apps wie Booking.com oder über ihre Webseiten buchen. Da sie aber oft Spezialtarife für

E4-Wandererinnen und -Wanderer anbieten, sollten Sie besser telefonisch reservieren und sagen, dass Sie auf dem E4 wandern. Einige Unterkünfte haben auch gar keinen Webauftritt und können nur telefonisch angefragt werden.

Hotels und Ferienwohnungen

In den touristischeren Orten können Sie zwischen verschiedenen Unterkünften wählen. Dort finden Sie neben den E4-Etap-Hotels meist weitere einfache bis etwas gehobenere Hotels, die oft mit einer Kochgelegenheit ausgestattet sind. Auch hier gilt, dass Verpflegung nicht immer angeboten wird. Die Grenzen zu Ferienwohnungen sind fließend. Sie können darüber hinaus vielerorts auch Angebote zu Ferienwohnungen von Privatleuten in den gängigen Buchungs-Apps finden.

Zelt

Die Möglichkeiten, mit dem Zelt entlang des E4 auf der Peloponnes zu übernachten, sind nur eingeschränkt vorhanden.

Für Wildcamping und Biwakieren gilt ein generelles Verbot in ganz Griechenland gemäß Gesetz N. 2160/1993, worauf auch vielerorts mit Schildern hingewiesen wird. Es ist also nur auf Grundlage individueller regionaler Ausnahmeregelungen möglich.

Derzeit ist das Wildcamping bei der **Taygetos-Hütte** (☞ 14. Etappe) gestattet.

Aufgrund der spärlichen Wasserversorgung außerhalb von Ortschaften kommen ansonsten ohnehin nicht viele Stellen für schönes Wildcampen infrage. Da mir von mehreren Seiten versichert worden ist, dass sich kein Mensch an Wildcamperinnen und Wildcampern stört, benenne ich diese auch in den Etappen – Benutzung auf eigenes rechtliches Risiko! Halten Sie sich auch unbedingt an die Grundregeln des Wildcampens: Zelt abends auf- und morgens abbauen, nicht mehr als eine Nacht an einem Ort, keine Spuren hinterlassen, Waschen und Toilettengang mindestens 100 m von Wasserläufen entfernt, Fäkalien vergraben.

Natürlich steht es Ihnen jederzeit frei, Grundstücksbesitzerinnen und -besitzer zu fragen, ob Sie Ihr Zelt auf deren privatem Gelände aufstellen dürfen.

Campingplätze entlang des E4 gibt es zurzeit nur zwei. Beide Optionen sind aber immerhin sehr schön und empfehlenswert: in **Mystras** (☞ 12. Etappe) und etwa 2 km vom Zielpunkt **Gythio** (☞ 16. Etappe) entfernt am Strand im Ortsteil Mavrovouni.

Updates

Der Conrad Stein Verlag veröffentlicht Updates zu diesem Wanderführer, die direkt vom Autor oder von den Lesern des Buches stammen. Sie finden diese auf der Verlagshomepage www.conrad-stein-verlag.de. Der rechts abgebildete QR-Code führt Sie direkt dorthin.

Verhaltensregeln

Als Wanderin und Wanderer sind Sie Gast in der Natur und gemäß dem Motto „leave no trace" verpflichtet, diese zu schützen und zu erhalten, damit auch in Zukunft das ungehinderte Bergwandern möglich sein kann. Leider werden Sie auf der Peloponnes feststellen müssen, dass nicht alle Einheimischen das befolgen und ihren Müll in der Natur illegal entsorgen. Machen Sie es besser!

Folgende allgemeinen Verhaltensregeln sollten Sie einhalten:

- ▷ Jede Form von **Abfall**, auch benutztes Toilettenpapier, ist mitzunehmen. Das Verbrennen und Vergraben von Abfall sind zu unterlassen.
- ▷ **Holz- und Kohlefeuer** sind zu unterlassen. Verwenden Sie allenfalls Campingkocher mit Gas, Spiritus oder Benzin.
- ▷ **Verschmutztes Wasser** kann das Leben von Mensch und Tier gefährden. Wasser darf nicht durch Fäkalien, Essensreste, Kosmetik, Seifen – auch nicht durch vollständig biologisch abbaubare! – oder sonstigen Müll verunreinigt werden.
- ▷ **Campen** Sie deshalb nicht im direkten Umfeld von Bächen und Seen, sondern mindestens 50 m entfernt.
- ▷ Halten Sie auch für die eigene Körperpflege und das Reinigen von Geschirr den 50-m-Abstand zu Gewässern ein und verwenden Sie dafür ausschließlich **vollständig biologisch abbaubare Reiseseife**.
- ▷ **Fäkalien** sollten ebenfalls in deutlichem Abstand zur nächsten Wasserquelle (mindestens 50 m) vergraben werden.
- ▷ **Wilde Tiere** dürfen nicht gefüttert, angefasst oder vorsätzlich gestört werden, um ihren natürlichen Lebensraum nicht zu beeinträchtigen.
- ▷ Das Herabrollen von **Steinen und Felsbrocken** ist selbstverständlich zu unterlassen. Menschen und Tiere, die weiter unten unterwegs sind, könnten ernsthaft verletzt werden.

- **Vorgegebene Wege** sind nicht zu verlassen. Abkürzen ist zum Schutz der Natur und auch zu Ihrer eigenen Sicherheit zu unterlassen.
- Falls **Weidezäune** mit Toren das Gelände eingrenzen, hinterlassen Sie sie so, wie Sie sie vorgefunden haben. Offene Tore bleiben offen und geschlossene Tore werden wieder geschlossen.
- Das Ausgraben und Pflücken von **Pflanzen** ist zu unterlassen.

Zusätzlich möchte ich noch ein paar Verhaltensregeln im Umgang mit Gefahren durch Tiere auf der Peloponnes ergänzen, die mir begegnet sind. Dies dient vor allem Ihrem eigenen Schutz:

- Leider ist es für die Einheimischen üblich, ihre **Bienenvölker** irgendwo in der freien Natur zu platzieren. Gerne auch direkt auf dem E4! Während Bienen grundsätzlich friedliebende Tiere sind, fühlen sie sich bedroht, wenn Sie sich zu sehr annähern. Machen Sie also unbedingt einen großen Bogen um die Bienenvölker, halten Sie mindestens 250 m Abstand und nehmen Sie Umwege in Kauf! Gehen Sie zügig und schweigsam vorbei, auch im Falle einer Attacke, um die Bienen nicht zusätzlich anzustacheln. Sie entfernen sich nicht allzu weit von ihrem Volk, sollten also bei ausreichend Distanz von Ihnen ablassen.

Zu Bienenvölkern sollten Sie großen Abstand halten

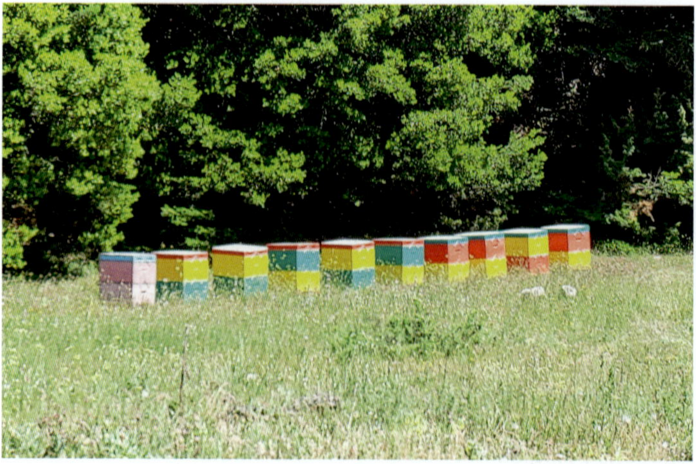

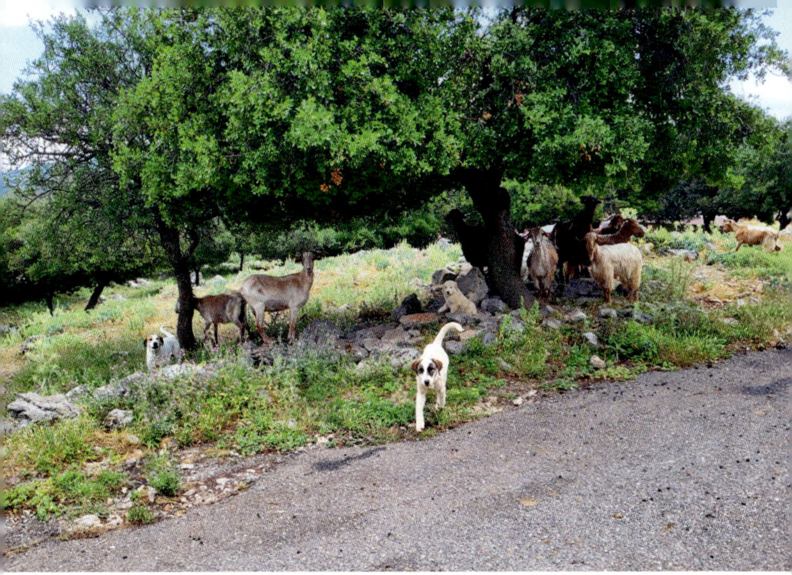

Hirtenhunde treten oft aggressiv auf

▷ Aggressive **Hirtenhunde und Wachhunde** sowie auch wilde Hunde sind allerorten anzutreffen. Lassen Sie sich von dem Gekläffe und Gespringe nicht aus der Ruhe bringen. In den allermeisten Fällen genügt es, dies zu ignorieren und einfach seines Wegs zu gehen. Sollten Ihnen Hunde doch zu nahe kommen, drohen Sie mit den Trekkingstöcken in Richtung Hundenase – die ist sehr empfindlich. Wenn auch das nicht reicht, dann hilft nur noch, die Hunde durch das Schmeißen von Steinen zu vertreiben.

Verkehrsmittel unterwegs

Das öffentliche Verkehrsmittel der Wahl ist in Griechenland der Bus. Es gibt ein breites Netz an sehr günstigen Fernbussen. Dafür stellen viele regionale Busgesellschaften unzählige Busverbindungen zu nahezu jeder Ortschaft. Hier müssen Sie jedoch direkt am Busbahnhof des jeweiligen Ortes die aktuellen Verbindungen erfragen und Tickets kaufen. Online findet sich bislang lediglich eine Übersicht der einzelnen Gesellschaften und vereinzelt sind Fahrpläne abrufbar.

Unter ☞An- und Abreise ist aufgeführt, welche Orte entlang des E4 über Busbahnhöfe verfügen.

Das Zugangebot in Griechenland ist eher klein und wurde in den letzten Jahrzehnten kontinuierlich abgebaut. Teilweise werden selbst die Gleise des verbliebenen Streckennetzes nicht mehr befahren und stattdessen „Bahnbusse" von der staatlichen Eisenbahngesellschaft eingesetzt.

Der Startpunkt des E4 sowie die ersten 1,5 Etappen bis Kalavryta können mit der Bahn erreicht werden, siehe ☞ An- und Abreise.

♦ Hellenic Train App

https://www.hellenictrain.gr/en

Taxis sind in Griechenland im Vergleich zu Deutschland sehr günstig, aber natürlich viel teurer als die öffentlichen Verkehrsmittel. Die unschönen Abschnitte des E4 auf Asphalt (☞ 8., 11. und 12. Etappen) können gut mit dem Taxi organisiert werden.

Zu beachten: Zwischen Mitternacht und 5 Uhr gilt ein Nachttarif, der doppelt so hoch ist wie der normale Tarif. Für Bahnhöfe und Flughäfen fallen oft Zuschläge an. In der Regel können Sie sich in Kafenions ein Taxi bestellen lassen oder eine Taxi-App wie Taxiplon verwenden.

♦ Taxiplon Ap

www.taxiplon.gr

Wandern mit Kind

Beim E4 Peloponnes handelt es sich um eine familienfreundliche Wanderroute. Der Weg wird nie zu schwer und gefährlich. Dank der Möglichkeit, die Wanderung in kleinere Abschnitte aufzuteilen (☞ An- und Abreise), kann auch eine Länge festgelegt werden, die dem Alter und der Kondition Ihres Kindes gerecht wird. Hier empfehlen sich besonders die mit Stern markierten schönsten Abschnitte, die Sie der ☞ Etappenübersicht entnehmen können. Gerade in den dramatischen Schluchten Vouraikos und Lagada werden Kinder sicher viel Freude beim Kraxeln haben und Landschildkröten zu entdecken, dürfte auch ein unvergessliches Erlebnis werden.

Wandern mit Hund

Es ist grundsätzlich gut möglich, diese Tour mit einem Hund zu machen. Hier sollten aber sicherlich zugunsten des Vierbeiners die sehr steilen Abschnitte wie der durch die Lagada-Schlucht (12. Etappe) vermieden werden.

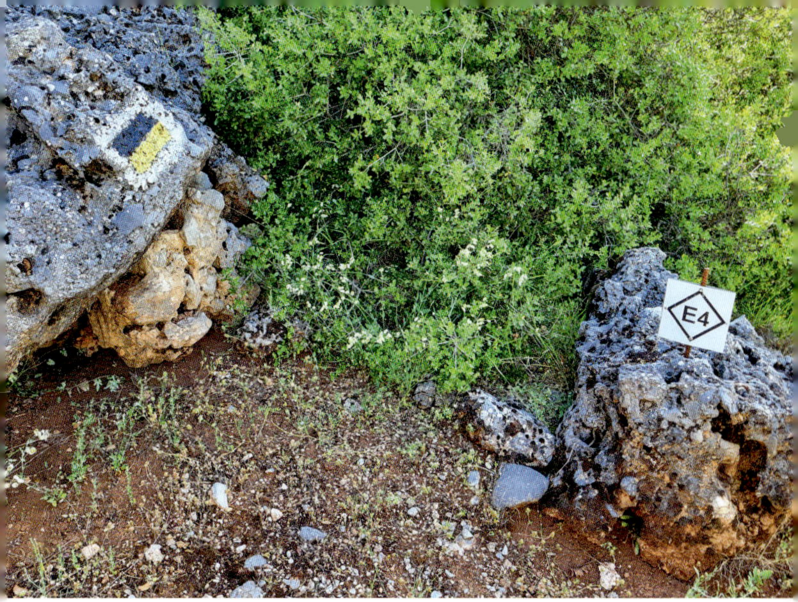

Der E4 auf der Peloponnes ist schwarz-gelb markiert

Außerdem werden Sie auf der Tour sehr vielen Schafherden mit aggressiven Hirtenhunden begegnen und es kommen sehr viele Wildtiere vor, von Wildschweinen und Schildkröten bis hin zu wild lebenden Hunden. Somit sollten Sie sicherstellen, dass Ihr Hund den Wildtieren nicht nachstellt und sich von den Hirtenhunden nicht zu sehr provozieren lässt.

Wegmarkierung und Wegzustand

Beim E4 auf der Peloponnes handelt es sich leider um ein mehr oder weniger privat organisiertes Projekt. Das bringt mit sich, dass die Instandhaltung und Markierung des Weges höchst unterschiedlich ausfallen. In den Etappen sind die kritischen Stellen benannt und ich gebe Orientierungstipps. Ich halte ☞ GPS-Navigation für unverzichtbar, da die Markierungen über große Strecken kaum oder gar nicht vorhanden oder teilweise sogar irreführend sind: Sie beziehen sich auf veraltete Wegverläufe oder Varianten.

Einige Abschnitte wurden aber in den letzten Jahren neu hergerichtet und sind vorbildlichst markiert. Außerdem gibt es das Bestreben, den Wegverlauf kontinuierlich zu verbessern und die Abschnitte über Asphalt zu verringern.

Diese Arbeiten werden augenscheinlich auch fortgesetzt, insgesamt überwiegt aber derzeit noch der dürftig bis gar nicht markierte Anteil.

Die Beschaffenheit der Wege, die Sie auf der Peloponnes bewandern, deckt das komplette Spektrum des Weitwanderns ab. Es reicht von Asphalt über Fahrwege, Feldwege und Felssteige auf teilweise steilen Flanken bis hin zu Hirtenpfaden und auch mehr oder minder weglosen Abschnitten. Kurze Abschnitte führen etwas ausgesetzt über Fels und Geröll.

Die Markierungen sind nicht ganz einheitlich, aber immer in den Farben Schwarz und Gelb gehalten. Überwiegend ist es einfach ein schwarzer und ein gelber Streifen, an vielen Stellen auch eine schwarze Raute mit dem Schriftzug „E4". Eine alte Version ist ein schwarzes Quadrat auf gelbem Grund.

Die allermeiste Zeit ist der Zustand der Wege gut. Auf einigen weniger gepflegten Abschnitten sind sie allerdings von Gräsern, Sträuchern und Geäst überwuchert oder umgestürzte Bäume erschweren das Fortkommen. Ein wenig Abenteuergeist ist also wichtig.

Wetter

Auf der sonnenverwöhnten Halbinsel Peloponnes wird Ihnen das Wetter in den empfohlenen Wandermonaten Mai, Juni und September die meiste Zeit hold sein. Es kann allerdings jederzeit zu kurzen und heftigen Regenschauern und Gewittern kommen. Besonders am Ende der Durchquerung im Taygetos-Gebirge ist das Wetter wie in allen alpinen Zonen manchmal recht wechselhaft und schlägt sehr schnell um.

Wenn Sie Internetzugang mit dem Smartphone haben, ist die kostenlose App und Webseite „Yr" des Norwegischen Wetterinstituts (auch in englischer Sprache verfügbar) eine ausgezeichnete Wahl. Die höchst genauen Vorhersagen lassen sich weltweit auch für Berggipfel und Pässe abrufen.

💻 www.yr.no

Zeit

In Griechenland gilt die **Osteuropäische Zeit** (UTC+2). Im Vergleich zu Deutschland gehen die Uhren eine Stunde vor. Sie werden im Sommer und im Winter ebenfalls umgestellt, sodass die Zeitdifferenz das ganze Jahr über gleich ist.

Etappenbeschreibung

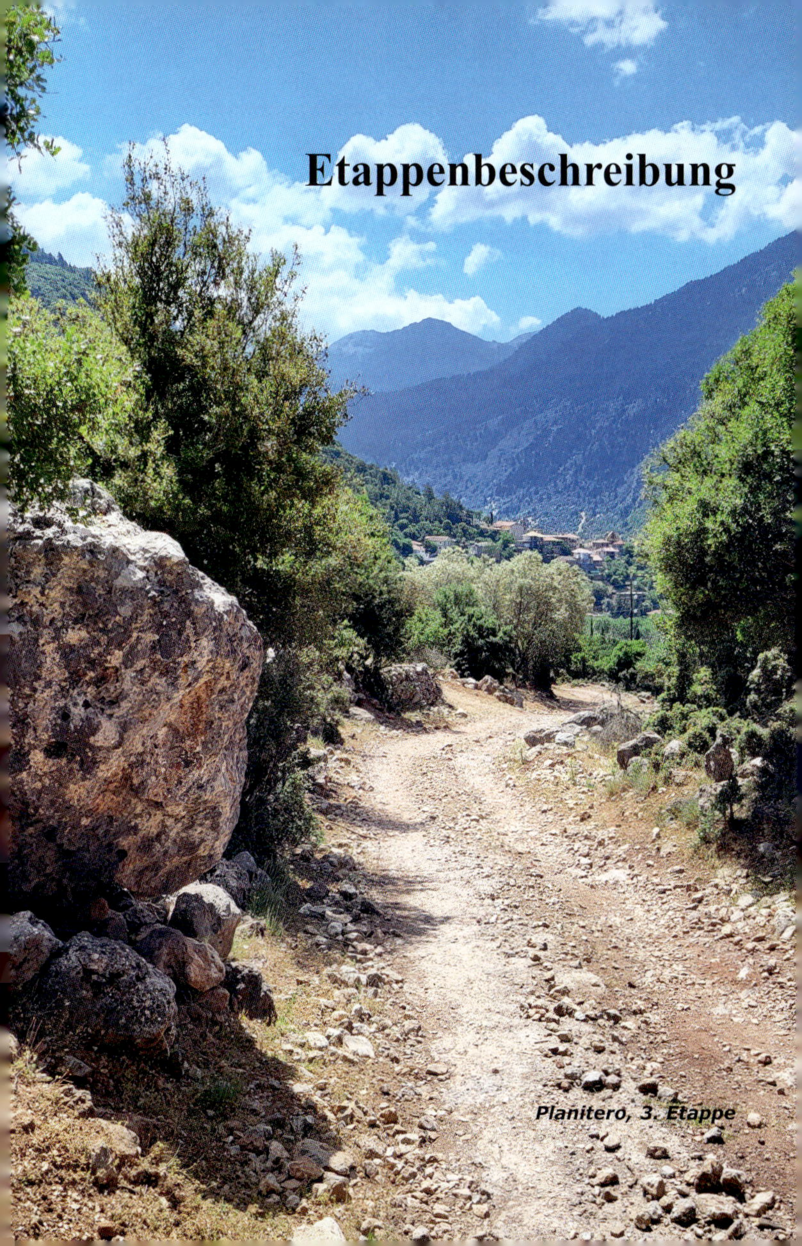

Planitero, 3. Etappe

1. Etappe: Diakopto – Kato Zachlorou

12,9 km, 4 Std. 35 Min., ↑ 1.010 m, ↓ 404 m, ⇧ 13-718 m

0,0 km	⇧ 13 m	Diakopto
1,6 km	⇧ 44 m	Nationalpark Michelmos- und Vouraikos-Schlucht
5,2 km	⇧ 122 m	Bahnhof Niamata
9,6 km	⇧ 485 m	Bahnhof Triklia
11,1 km	⇧ 565 m	Bahnhof Portes
12,9 km	⇧ 605 m	Kato Zachlorou

Die kurze Einstiegsetappe führt Sie entlang der historischen Zahnradbahn vom Bahnhof Diakopto am Golf von Korinth in das Dörfchen Kato Zachlorou. Sie steigen vom Meer die schöne und wilde Vouraikos-Schlucht hinauf. Dabei gehen Sie über weite Strecken auf der Bahntrasse.

Zu passierende Eisenbahnbrücke in der Vouraikos-Schlucht

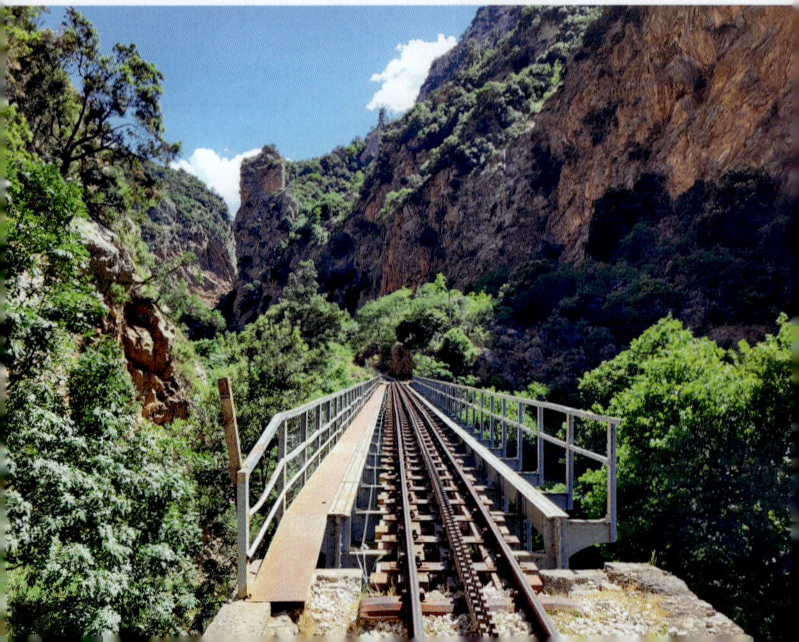

Diakopto

E4-Etap-Hotel Stavrianna Eco Natural Farm, Stavros und Anna Petropouleas, Vouraikou, 2,5 km vom Bahnhof Diakopto, ☏ +30/26 91/04 19 66, +30/694/248 66 44, stavriannafarm@gmail.com, ganzjährig, Gäste können sich abholen lassen, Apartments mit Küche zur Selbstversorgung, @, Ü ab € 86

- **Alkistis Hotel**, Filippopoulou, 500 m vom E4, fast am Strand, ☏ +30/26 91/04 36 50, www.alkistis-hotel.gr, ganzjährig, alle Zimmer mit Küche zur Selbstverpflegung, F € 7, @, Pool, Ü ab € 56
- Es gibt im Ort weitere Hotels.

Oyranoessa, Hafen, direkt am Strand, 600 m vom E4, ☏ +30/26 91/04 38 48, oyranoessa.webnode.gr, einfache Küche, schöne Terrasse mit Meerblick, täglich 9:00-23:30

- Es gibt im Ort weitere Restaurants.

Mehrmals täglich Zugverbindungen nach **Patra** sowie nach **Kiato**, von wo Direktanschlüsse nach **Athen** bestehen. Auf der historischen Strecke der Zahnradbahn **Diakopto – Kalavryta** verkehrt außerdem mehrmals täglich ein Zug. Somit können Sie die ersten 1,5 Etappen des E4 auch mit dem Zug zurücklegen.
www.hellenictrain.gr

Die kleine Ortschaft liegt sehr schön am Golf von Korinth und hat einen langen Strand. Es gibt ein gutes touristisches Angebot mit mehreren Unterkünften, Gastronomie und Geschäften sowie einen modernen Bahnhof. Die Züge der Strecke Patra – Athen halten unterirdisch, die historische Bahn nach Kalavryta oberirdisch. Sie befinden sich hier im Bezirk **Achaia** der Region **Westgriechenland**.

☹ Die erste Etappe sowie der erste Teil der zweiten Etappe führen größtenteils über ein Gleisbett mit vielen engen Felstunneln und wackligen, hohen Brücken über der Vouraikos-Schlucht. Die Lokführerinnen und -führer sind zwar auf Wanderinnen und Wanderer eingestellt, fahren nicht sehr schnell und geben sich mit lautem Hupen zu erkennen, aber wenn dieses Abenteuer nicht Ihre Sache ist, können Sie bis **Kalavryta** (☞ Seite 50) mit dem Zug fahren.

Am Bahnhof gehen Sie ohne Markierungen auf der südlich davon verlaufenden Straße nach Südosten bis zu einem Sperrschild. Nun gehen Sie nach rechts und gleich danach in einer Linkskurve um einen Parkplatz herum. Sie folgen der Straße bis zum Ende nach 250 m, rechter Hand vorbei am Zugdepot.

Sie gehen weiter rechts nach Süden und parallel zu den Gleisen. Diesem Weg folgen Sie aus dem Ort hinaus. Hier haben Sie bereits das Panorama der Vouraikos-Schlucht vor sich.

Nach weiteren 500 m überqueren Sie die Gleise bei der Schranke und gehen nach rechts, um der Straße auf der anderen Seite parallel zu den Gleisen zu folgen.

Durch eine Unterführung ❶ geht es unter der E65 entlang. Die Straße wird zu einem ungeteerten Fahrweg, der kurz darauf endet. Hier gelangen Sie in den **Nationalpark Michelmos- und Vouraikos-Schlucht**.

Sie überqueren die Gleise wieder und folgen dem Fahrweg auf der anderen Seite. Bald kommen Sie zu einer ummauerten Plantage in Hörweite des rauschenden Vouraikos ❷.

Am stellenweise flachen Ufer gibt es Möglichkeiten zum (inoffiziellen!) Wildcampen.

Der Fahrweg macht eine Rechtskurve. Da im folgenden Verlauf der Uferweg aber in weiten Teilen nicht instand gesetzt ist und sich in Geröll und Dickicht verliert, verlassen Sie ihn vor der Kurve und folgen ab hier den Trampelpfaden direkt durch das Gleisbett.

Den Rest der Etappe geht es die im Verlauf immer beeindruckendere Schlucht größtenteils auf den Bahngleisen hinauf. Es gibt vereinzelte gelb-schwarze E4-Markierungen.

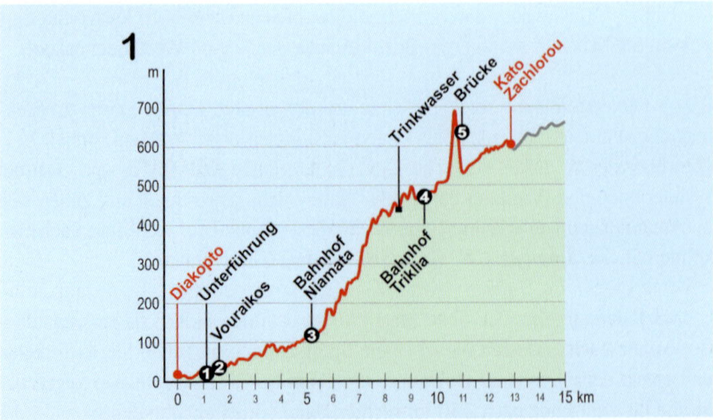

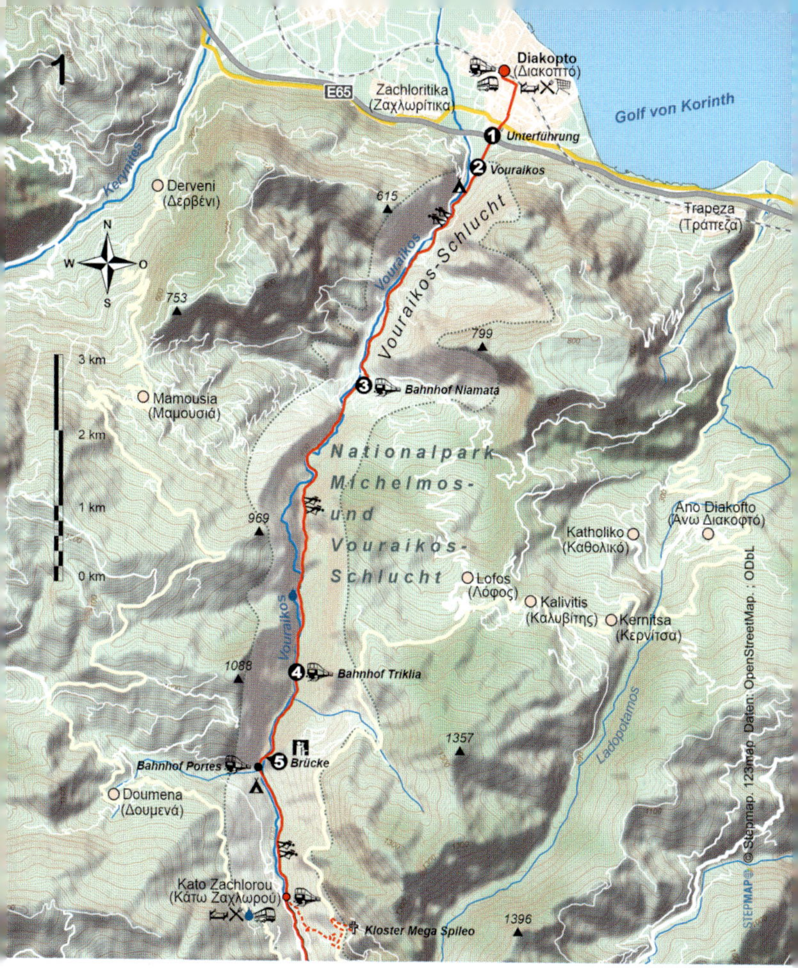

Nach einigen Hundert Metern können Sie sich von Trampelpfaden über eine Wiese mit Rhododendron leiten lassen, um die Gleise abzukürzen. Nach einem weiteren kleinen Abschnitt im Gleisbett folgen Sie wieder einem Trampelpfad zum Flussufer. 3,5 km nach dem Start gelangen Sie bei einer kleinen Brücke auf einen Fahrweg, auf dem Sie weitergehen. Kurz bevor er über die Gleise führt, verlassen Sie ihn nach rechts und folgen wieder dem Gleisbett. Leider verlassen Sie dieses bis zum Ende der Etappe nicht mehr.

Nach insgesamt 5,2 km erreichen Sie den **Bahnhof Niamata ❸**.

Haltepunkt der historischen Bahnstrecke Diakofto – Kalavryta
www.hellenictrain.gr

Im folgenden Verlauf steigt der Weg merklich mehr an. Die Gleise führen Sie unter einer Brücke durch, dann passieren Sie selbst eine wacklige Metallbrücke über den Vouraikos. Das war Ihnen noch nicht genug Abenteuer? Im folgenden Verlauf geht es durch zahlreiche Felstunnel und noch über ein paar weitere hohe Metallbrücken, auf denen Sie den reißenden Fluss mehrmals überqueren. Widersinnigerweise haben einige der Brücken ein Schild, dass das Passieren zu Fuß verboten ist.

Nach insgesamt 8,5 km haben Sie die Möglichkeit, vor einem kleinen Tunnel links zum Fluss abzusteigen und Wasser aufzufüllen.

Sie erreichen nach insgesamt 9,6 km den unscheinbaren **Bahnhof Triklia ❹**.

Haltepunkt der historischen Bahnstrecke Diakofto – Kalavryta
www.hellenictrain.gr

1,3 km später wurde für Fußgängerinnen und Fußgänger extra ein Tunnel links neben den Gleisen angelegt. Er lotst Sie zu einer kleinen Brücke ❺, von wo Sie besonders schöne Ausblicke über die enge Felsschlucht haben. Kurz darauf kommen Sie zum **Bahnhof Portes**.

Haltepunkt der historischen Bahnstrecke Diakofto – Kalavryta
www.hellenictrain.gr

Direkt nach dem Bahnhof befindet sich rechts ein schöner schattiger Rastplatz am Flussufer, der sich dank Wasserversorgung auch fürs (inoffizielle!) Wildcampen eignet.

Hier überqueren Sie einen Zulauf und auch den Vouraikos nochmals und folgen ihm wieder orografisch rechtsseitig bis zum Etappenziel am **Bahnhof Megalo Spilaio,** benannt nach dem nahe gelegenen Kloster. Der Ortskern liegt auf der gegenüberliegenden Flussseite.

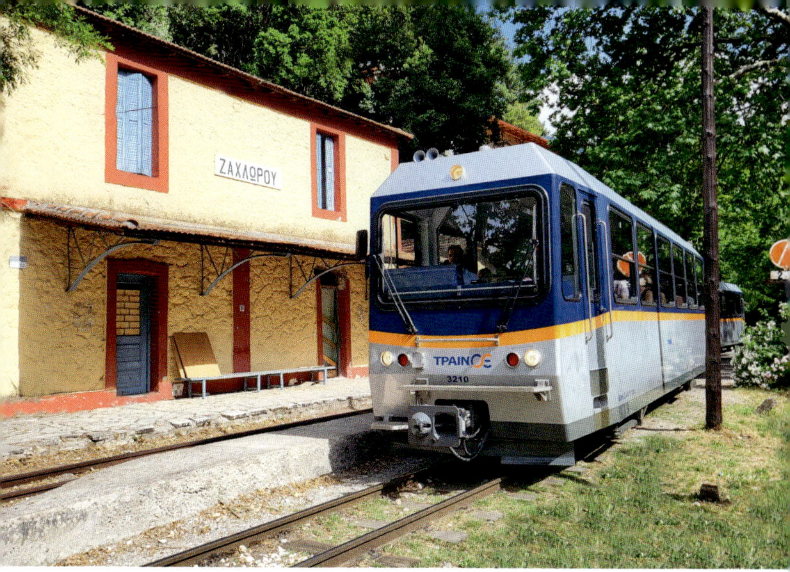

Zahnradbahn im Bahnhof in Kato Zachlorou

Kato Zachlorou

E4-Etap-Hotel Pension Kato Zachlorou, Adonis und Poli Triantafillou, direkt beim Bahnhof und am E4, ☏ +30/269 20/227 89, +30/698/312 56 16, ganzjährig, Restaurant Fr-So, einfache Unterkunft, aktuelle Preise erfragen

♦ **Oneiro Resort** und **Suites Zachlorou**, direkt am Bahnhof über den Ort verteilt und direkt am E4, ☏ +30/26 92/02 41 00, oneiroresort.com, ganzjährig ganztägig, Restaurant nur Oktober bis April, @, Ü ab € 59

♦ Es gibt weitere Unterkünfte und Restaurants im Ort.

Haltepunkt der historischen Bahnstrecke Diakofto – Kalavryta; www.hellenictrain.gr

Das kleine, touristische Dörfchen hat ein paar Unterkünfte und Restaurants. Bitte beachten Sie, dass es eher auf Wintertourismus ausgelegt ist und im Sommer unter der Woche ziemlich ausgestorben sein kann. Dann öffnet auch die Gastronomie nicht.

Ein Highlight ist das ca. 1 km südöstlich gelegene ✝ **Kloster Mega Spileo**, das über mehrere Stockwerke direkt an eine Felswand gebaut wurde. Sie können der Ausschilderung folgen.

2. Etappe: Kato Zachlorou – Ano Lousi

17,9 km, 5 Std. 30 Min., 663 m, 233 m, 613-1.242 m

0,0 km	⇧	605 m	Kato Zachlorou
4,1 km	⇧	676 m	Hotel Esperides
5,5 km	⇧	698 m	Bahnhof Kerpini
9,4 km	⇧	714 m	Kalavryta BANK ⌘
17,9 km	⇧	1.043 m	Ano Lousi

Heute gehen Sie das Gleisbett vom gestrigen Tag bei gemächlicher Steigung zu Ende, bis Sie den hübschen Ort Kalavryta erreichen. Dann steigen Sie über Pfade, Fahrwege und Straße bis oberhalb von Ano Lousi auf und knacken erstmals die 1.000er-Marke. Belohnt werden Sie mit einem schönen Abschluss auf einer Anhöhe bis zum Ortsende, wo ein E4-Etap-Hotel auf Sie wartet.

Im Ort gehen Sie über die Brücke. Auf der orografisch linken Flussseite folgen Sie den Gleisen weiter nach Süden. Die Steigung ist nun sehr gering.

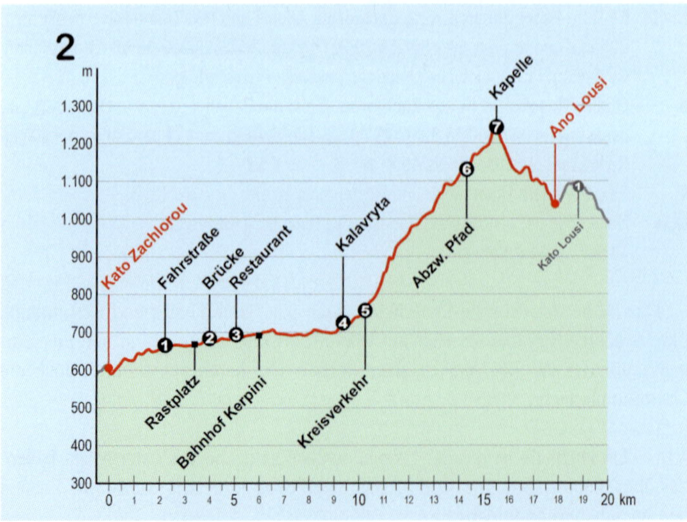

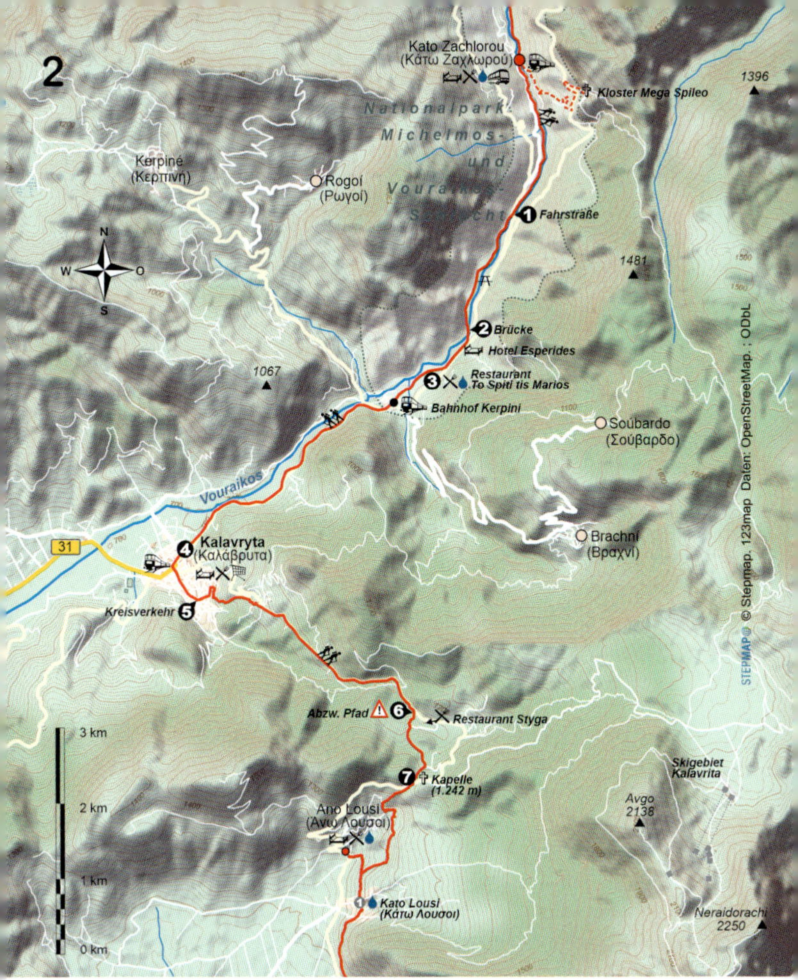

Nach insgesamt etwa 2,3 km führt eine Straße ❶ über den Fluss, Sie halten sich jedoch weiter geradeaus und überqueren die Straße.

⛩ 3,4 km nach dem Start gibt es schöne Möglichkeiten für eine schattige Rast am Ufer.

Bei km 4,1 führt der E4 mit den Bahngleisen über eine abenteuerliche Brücke ❷ schließlich auch über den Fluss. An der Straße befinden sich ein paar Unterkünfte sowie ein Outdoor-Laden.

Hotel Esperides, direkt am E4, ☏ +30/26 92/02 91 70, www.hotel-esperides.gr, info@hotel-esperides.gr, ganzjährig, @, aktuelle Preise erfragen

Weiter geht es immer dem Gleisverlauf folgend im nun abschnittsweise bewaldeten Flusstal. 4,6 km nach Etappenbeginn gehen Sie bei einem Wohnhaus ein kurzes Stück über Wiesen rechts der Gleise, bis Sie der Trampelpfad wieder aufs Gleisbett führt. Sie kommen an einer Kapelle mit Brunnen und an einem Restaurant ❸ vorbei. Beides ist vom Weg aus wegen des Baumbewuchses nicht zu sehen.

Restaurant To Spiti tis Marios, ☏ +30/26 92/02 22 64, www.facebook.com/to.spiti.tis.marios, täglich 12:00-0:00

5,5 km nach dem Start erreichen Sie den **Bahnhof Kerpini**.

Haltepunkt der historischen Bahnstrecke Diakofto – Kalavryta
www.hellenictrain.gr

Hier verlassen Sie den **Nationalpark Michelmos- und Vouraikos-Schlucht**. Kurz darauf überquert eine Straße das Gleis, während Sie weiter den Trampelpfaden durchs Gleisbett folgen. Sie erreichen etwa 3,5 km später **Kalavryta** ❹.

Kalavryta

E4-Etap-Hotel Anesis, Central Square, direkt am E4, ☏ +30/26 92/02 30 70, www.anesishotel.gr, anesis@anesishotel.gr, ganzjährig, @, ÜF ab € 59

♦ **Hotel Archontiko Zafeiropoulou**, Efseviou Kipourgou 19, direkt am E4, ☏ +30/26 92/02 45 00, www.archontiko.gr, info@archontiko.gr, ganzjährig, @, ÜF ab € 79

♦ zahlreiche weitere Unterkünfte

Taverne Varvitsiotis, Paleon Patron Germanou 28, 70 m vom E4, ☏ +30/26 92/02 20 49, www.varvitsiotis-tavern.gr, täglich 12:30-23:30

♦ Es gibt zahlreiche weitere Restaurants im Ort.

Endhaltepunkt der historischen Bahnstrecke Diakopto – Kalavryta, www.hellenictrain.gr

Die hübsche Kleinstadt ist besonders bei inländischen Touristinnen und Touristen beliebt und wartet mit einem umfangreichen gastronomischen Angebot und Geschäften auf, vor allem rund um die einmal hindurchführende Flaniermeile. Im Winter ist sie Zentrum des Mini-Skigebiets Kalavrita Ski. Ein Museum am Bahnhof und ein Mahnmal östlich oberhalb des Ortes erinnern an ein Massaker, das die deutsche Wehrmacht 1943 an der Bevölkerung verübt hat.

Direkt nach Passieren des Bahnhofs biegen Sie links in die hübsche Straße 25is Martiou ab, die Flaniermeile des Örtchens. Auf ihr gehen Sie aufwärts und durchqueren Kalavryta.

An einem Kreisverkehr ❺ halten Sie sich links und wählen die dritte, kleine Straße Stironos (E4-Markierung). Es geht eine Treppe hinauf und dann markiert links weiter hinauf. Bei der ersten Gelegenheit biegen Sie rechts ab und kommen bald auf einen Wiesenpfad.

Dieser führt Sie in abgezäuntes Gebiet. Wo es nicht mehr weitergeht, müssen Sie über einen Stacheldrahtzaun steigen. Dann gehen Sie, anfangs links neben einem Zaun, einen Fahrweg auf einer Hangkante weiter hinauf.

Sie erreichen eine Straße, auf der Sie rechts gehen. Kurz darauf weist Sie eine E4-Makierung links auf einen Pfad durch Ginsterbüsche weiter hinauf.

Ende der Gleise am Bahnhof Kalavryta

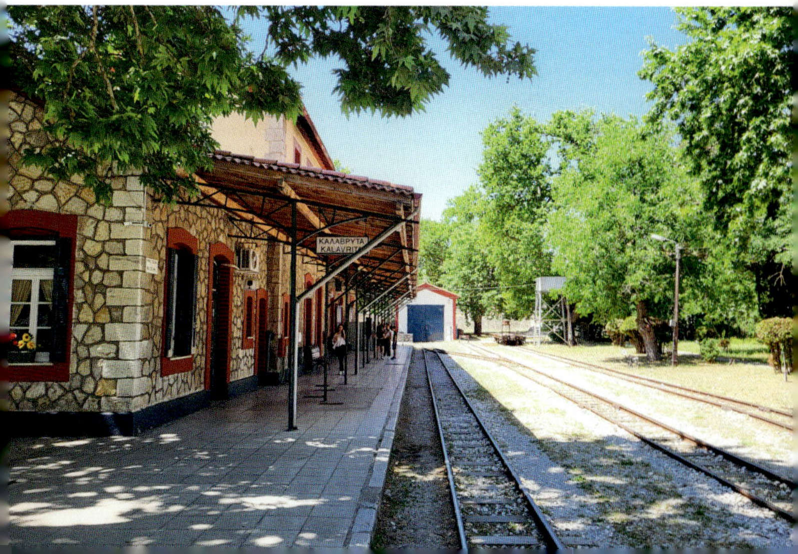

Bald kommen Sie wieder auf eine Straße, der Sie rechts nach Südosten folgen. Hier können Sie zum ersten Mal ein paar schneebedeckte Gipfel sehen. Die Straße wird erst von Ginster gesäumt, später von Nadelwald. Nach 3 km auf der Straße kommen Sie in Sichtweite eines Restaurants mit einer Skifahrer-Skulptur.

Restaurant Styga, direkt am E4, ☏ +30/26 92/02 41 10, Oktober bis April, aktuelle Zeiten erfragen

Achtung! Hier führt der E4 ohne deutliche Markierung einen Pfad rechts den steilen Hang hinab ❻. So kürzen Sie eine große Kehre der Straße ab. Die Pfeilmarkierung an einem Strommast liegt bereits etwas hinter dem Abzweig!

Unterhalb des Hangs überqueren Sie einen trockenen Bachlauf und gehen auf einem Wiesenpfad und dann markiert auf Kieswegen wieder aufwärts. Nach 150 m kommen Sie auf einen Fahrweg und folgen ihm nach rechts. Nach weiteren 450 m zweigt der E4 bei einem trockenen Brunnen wieder von Fahrweg ab und es geht auf einem Waldpfad weiter. Weiter leicht ansteigend treffen Sie, knapp 1,2 km nachdem Sie sie verlassen haben, bei einer etwas oberhalb gelegenen Kapelle ❼ (1.242 m) wieder auf die Fahrstraße. Das ist der höchste Punkt der Etappe und Sie haben zum ersten Mal die 1.000er-Marke geknackt.

Sie folgen der Straße ein kleines Stück nach rechts und nehmen dann den links abzweigenden markierten Feldweg abwärts. Hier haben Sie einen tollen Weitblick über die vor Ihnen liegenden breiten Täler.

Am Ende des Fahrwegs gehen Sie links in den Ort Ano Lousi hinein. Direkt bei den ersten Häusern weist Sie die Markierung aber wieder in einer Linkskurve aus dem Ort hinaus. Sie gehen auf dem E4 auf einer schönen Anhöhe über Wiesen am Ort vorbei, bis Sie den Friedhof am Südende erreicht haben. Hier verlassen Sie den E4 und gehen rechts in den Ort hinein, bis sich die Unterkunft nach 400 m vor Ihnen befindet.

Ano Lousi

E4-Etap-Hotel und Taverne O Sperchos, 200 m vom E4 am südlichen Ortsende, ☏ +30/26 92/08 33 48, +30/694/454 24 13, ganzjährig, Restaurant täglich 19:30-22:30, @, ÜF € 40

Das winzige und eher zersiedelte Bauerndorf verfügt nur über eine Unterkunft mit Restaurant.

3. Etappe: Ano Lousi – Klitoria

➲ 19,9 km, ⌛ 6 Std. 5 Min., ↑ 442 m, ↓ 967 m, ⇧ 509-1.089 m

0,0 km	⇧ 1.042 m	Ano Lousi
0,7 km	⇧ 1085 m	Kato Lousi
9,0 km	⇧ 710 m	Planitero
10,4 km	⇧ 628 m	Aroanios-Quellen
11,8 km	⇧ 884 m	Armbounas
14,6 km	⇧ 819 m	Agios Nikolaos
19,9 km	⇧ 518 m	Klitoria BANK

Heute geht es zunächst hauptsächlich über Wiesenpfade hinab nach Planitero und zu den Aroanios-Quellen in einem schönen Platanenwald. Dann steigen Sie unterhalb des Chelmos steil nach Armbounas auf, von wo ein wunderschöner Etappenabschluss durch eine felsige Bergflanke nach Agios Nikolaos folgt. Wegen der rudimentären Übernachtungsmöglichkeiten müssen Sie hier den E4 verlassen und zum 4,4 km westlich davon gelegenen Klitoria absteigen. Sie erwartet aber zumindest ein hübsches Dörfchen. Am nächsten Tag brauchen Sie den Umweg nicht zurückzugehen, sondern treffen südlich von Klitoria wieder auf den E4.

Sie gehen wieder zurück zum Friedhof. Dort folgen Sie dem E4 weiter auf der Anhöhe nach Süden. Nach insgesamt etwa 800 m erreichen Sie das Dörfchen **Kato Lousi ❶**.

Sie durchqueren den Ort auf der Dorfstraße in einer Rechts-links-Kurve mit Markierungen. Jetzt kommen Sie an einem Brunnen vorbei und es geht durch eine kleine Senke. Am Ortsende sind Sie wieder auf der Anhöhe angekommen und gehen auf ihr über Feldweg nach Süden.

Nun verliert der Weg allmählich an Höhe und die nächsten Kilometer führt der E4 parallel zur Fahrstraße im Tal, aber etwas oberhalb davon, in Richtung Süd-südosten.

2,1 km nach dem Start, etwa 150 m bevor der Weg auf die Fahrstraße mündet, zweigen Sie links auf einen Wiesenpfad ab (die Markierung an einem Baum ist leicht zu übersehen!) und gehen weiter parallel zur Straße.

Nach 400 m stoßen Sie auf einen Fahrweg. Der E4 führt ohne Markierung links nach oben weg durch Gebüsch, wo Sie dann auch wieder eine Markierung finden.

Im weiteren Verlauf über Wiesen und durch stachliges Buschwerk ist der Weg nur rudimentär erkennbar, aber immer wieder helfen Markierungen an Bäumen oder Metallstangen.

3,7 km nach dem Start kommen Sie wieder auf einen Fahrweg und biegen rechts auf ihn ab. Beim nächsten Abzweig geht es links und wieder weiter parallel zur Autostraße. Nun führt der Fahrweg über einen Felsvorsprung hinab und verliert sich im Geröll.

Sie folgen der Markierung in einer Linkskurve über Schotter. Bei einem Häuschen gelangen Sie wieder auf einen Wiesenpfad. Unterhalb davon queren Sie eine Fahrstraße (Markierung).

Hier können Sie einen Abstecher zur Kastria-Höhle mit unterirdischen Seen machen. Am Abzweig müssen Sie 600 m nach rechts gehen.
www.kastriacave.gr, täglich 9:00-16:30

Sie steigen über Wiesen zum ausgetrockneten Flussbett des Mavri Limni ❷ hinab. Dieses überqueren Sie und gehen weiter über einen Pfad durch ein Wäldchen, dann wieder auf schönem Wiesenpfad weiter.

Hier haben Sie die Ausläufer des **Chelmos** (Gipfel: 2.338 m) erreicht, die Sie bis **Armbounas** begleiten.

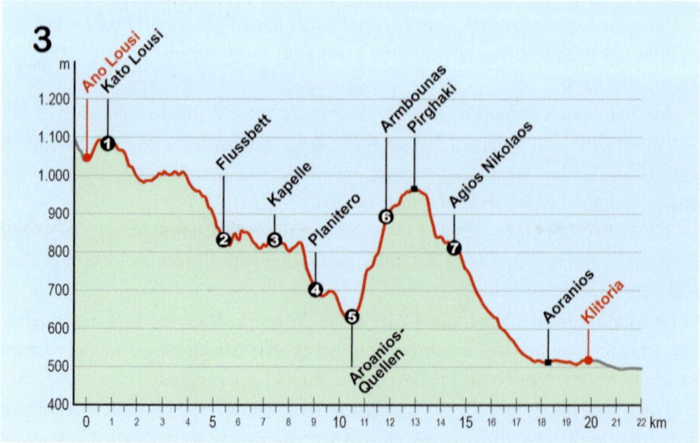

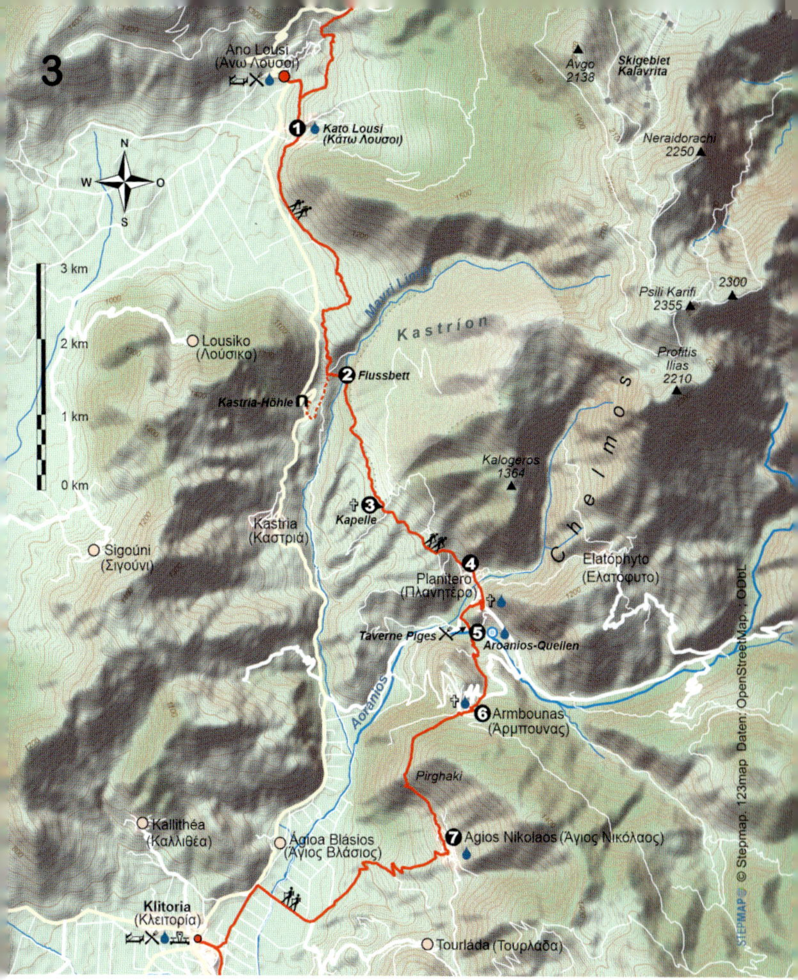

Etwa 500 m nach dem Flussbett passieren Sie einen 💧 Brunnen. Bei einer kleinen Kapelle ❸ kommen Sie auf einen Fahrweg und gehen rechts. Gleich darauf kürzt der E4 mit Markierungen die erste Kehre des Fahrwegs ab, dann gehen Sie links auf ihm weiter. Etwa 800 m nach der Kirche können Sie einen weglosen Steilhang hinab eine große Kehre des Fahrwegs abkürzen (Abzweig nicht markiert! Im Verlauf ein Steinmännchen und Markierungen).

Bei einem 💧 Brunnen stoßen Sie wieder auf den Fahrweg, dem Sie folgen, bis Sie knapp 9 km nach dem Start **Planitero** ❹ 💧 erreichen.

Sie gehen auf dem Dorfweg den Markierungen folgend weiter. Nachdem Sie einen trockenen Fluss überquert haben, geht es links zur Kirche 💧 hinauf. Hier gehen Sie leicht rechts bergab und gleich darauf scharf rechts hinab. An einer Straße angekommen gehen Sie links weiter abwärts und können nach 150 m die Straße über einen Weg links abkürzen.

Hinter Planitero erreichen Sie die **Aroanios-Quellen** ❺ 💧. An diesem beliebten Ausflugsziel befinden sich mehrere Restaurants, eines davon direkt am Weg.

✕ Taverne Piges, direkt am E4, 📱 +30/69 72/08 84 28, 💻 tabernapiges.blogspot.com, 🚪 täglich 9:00-21:00

Hier gehen Sie links über die Brücke und wählen bei der Markierung den Pfad, der rechts neben einem Metalltor in einen schönen Platanenwald hineinführt.

⛱ fantastischer Rastplatz

Hier überqueren Sie einen der Quellflüsse bei einer Furt. Am Ende der Platanen geht es auf einem Schotterweg ordentlich hinauf. Sie verlassen ihn nach der zweiten Kehre nach links (Steinmännchen) und steigen auf holprigem Waldpfad weiter auf, bis Sie eine Fahrstraße überqueren.

Danach geht es geradeaus weiter bergan ohne Markierung, wobei Sie sich orografisch links eines ausgetrockneten Bachlaufs halten und nicht von Abzweigen nach links in die Irre führen lassen.

Nach 1,4 km Aufstieg haben Sie bei einer Kirche mit 💧 Brunnen **Armbounas** ❻ 💧 erreicht. Sie folgen der Markierung am Brunnen nach links und später rechts hinauf durch den Ort. Am Ende des Ortes gehen Sie rechts.

An einer Kirche folgen Sie der Markierung nach links auf einen felsigen Pfad. Hier bekommt der E4 zum ersten Mal alpinen Charakter.

Der E4 führt Sie auf einer Flanke in einem großen Linksbogen um den Pirghaki herum, erst etwas aufsteigend, dann abfallend, nach **Agios Nikolaos** ❼ (💧 Dorfbrunnen).

Aufgrund der spärlichen Unterkunftssituation müssen Sie hier den E4 verlassen und über 300 Hm und 5,2 km nach Klitoria absteigen oder ein Taxi (☞ Reise-Infos von A bis Z, Verkehrsmittel) organisieren. Der Abstieg ist aber ganz entspannt, Sie brauchen den Weg am nächsten Tag nicht zurückgehen.

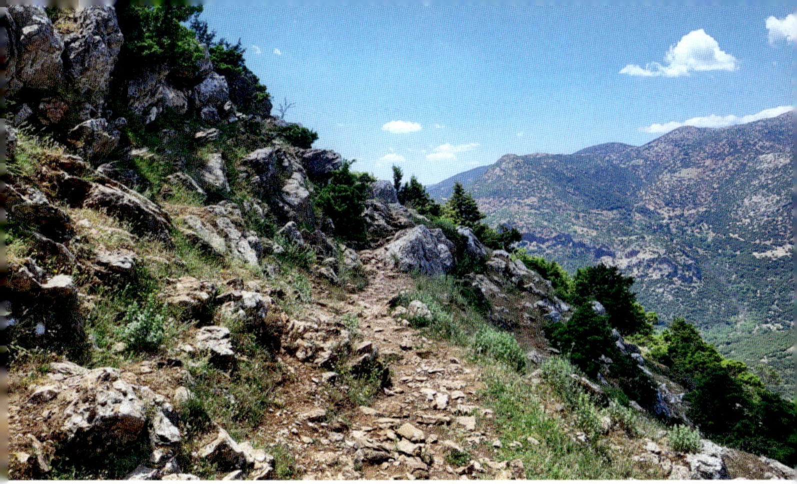

Pirghaki-Flanke

Bei einem Strommast und einem kleinen Steinhaus wählen Sie die Straße, die rechts ins Tal führt, und folgen ihr knapp 4 km hinab. Sie überqueren den Fluss Aoranios kurz vor eine Autostraße. Diese betreten Sie jedoch nicht, sondern wählen die kleine Straße, die davor links abbiegt.

Bei der ersten Gelegenheit gehen Sie wieder links auf einen Feldweg. Wenn die ersten Häuser ins Blickfeld gerückt sind, gehen Sie rechts und nach Erreichen des Orts wieder rechts ins Zentrum von **Klitoria**.

Klitoria

BANK

E4-Etap-Hotel Mont Helmos, 200 m vom Weg, westlich des Zentrums, +30/26 92/03 12 21, monthelmos.gr, ganzjährig, Poolbar mit kleinem Speisenangebot, Außen- und Innenpool, @, ÜF ab € 57

♦ **Hotel Aroanios**, 250 m vom Weg, westlich des Zentrums, +30/26 92/03 13 08, www.booking.com/hotel/gr/aroanios.de.html, Bar, aktuelle Öffnungszeiten erfragen, @, ÜF ab € 67

Es gibt zahlreiche weitere Unterkünfte im Ort.

Taverne Palyvos, direkt am Weg, +30/26 92/03 34 25, restaurant-37085.business.site, täglich 8:00-0:00

♦ Es gibt zahlreiche weitere Restaurants im Ort.

Der nette kleine Ort ist rund um den Hauptplatz sehr belebt mit allerlei Geschäften und Gastronomie. Es gibt einige Unterkünfte zur Auswahl.

4. Etappe: Klitoria – Dara ☆

24,4 km, 7 Std. 55 Min., ↑ 885 m, ↓ 758 m, ⇧ 472-1.006 m

0,0 km	⇧ 518 m	Klitoria
6,1 km	⇧ 642 m	Krinofita
12,0 km	⇧ 774 m	Likouria
16,2 km	⇧ 472 m	Ladonas-Quelle
20,0 km	⇧ 807 m	Pangrati
24,4 km	⇧ 670 m	Dara

Die meiste Zeit ist diese Etappe eine schöne Bergwanderung. Von Klitoria geht es zunächst bei Krinofita wieder auf den E4. Von dort steigen Sie durch die eindrucksvolle Mavrada-Flanke zu einer Andachtsstelle mit tollem Panorama auf und weiter durch die Flanke nach Likouria ab. Nach Erreichen der Ladonas-Quelle folgt ein zweiter kleinerer Anstieg auf einem verwunschenen Pfad bis nach Pangrati, wonach noch ein traumhafter Abschluss über Fels und Geröll bis Dara folgt. Hier gibt es nur eine Unterkunft, wo Sie auch verpflegt werden.

Um sich den Weg zurück zum E4 zu sparen, verlassen Sie den Ort nach Süden und treffen später wieder auf den E4. Zunächst gehen Sie dafür die Straße zurück, auf der Sie in den Ort hineingekommen sind.

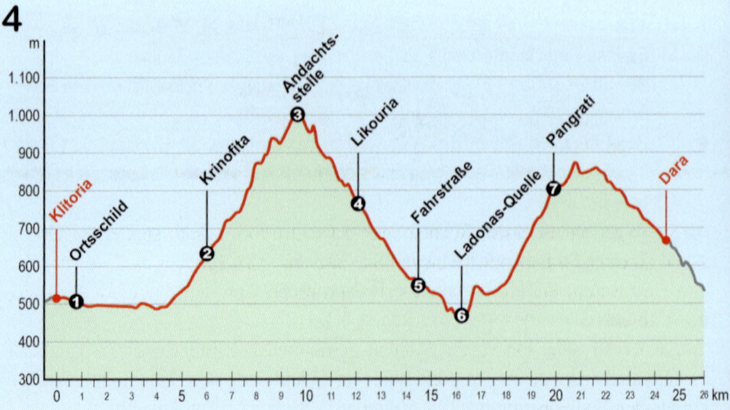

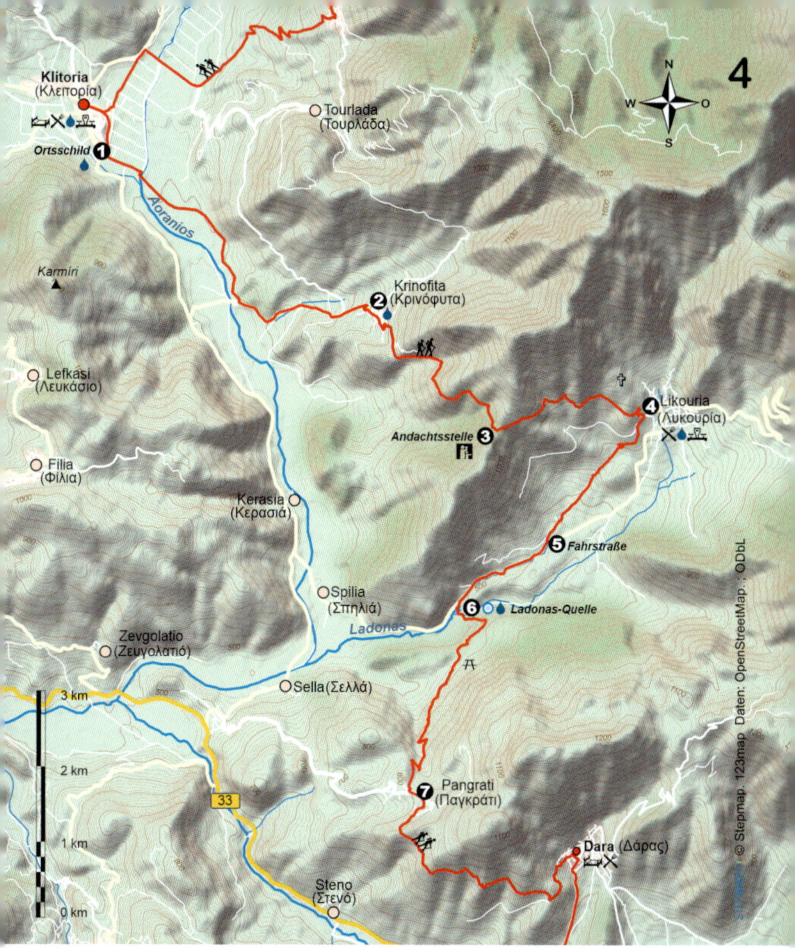

Sie folgen ihr in einem Rechtsbogen zum Ortsende. Beim steinernen Ortsschild an einem 💧 Brunnen ❶ biegen Sie links auf einen Feldweg ab. Diesem folgen Sie bis zum Ende und halten sich dann rechts, um den Fluss Aoranios zu überqueren.

Sie folgen dem von vielen Bäumen gesäumten Feldweg weiter links neben einem Kanal durch ein nettes grünes Tal. Nach dem Ende des Kanals geht es noch ein Stück ohne Höhenunterschied weiter.

Nach Queren eines Gehöfts beginnt der Weg allmählich anzusteigen und Sie kommen auf eine Fahrstraße, auf der Sie links weiter hinaufgehen und an einer weißen Kirche vorbeikommen. Sie umgehen in einer Linkskurve den Kourkoulitsa, bis Sie nach insgesamt 6 km **Krinofita ❷** erreicht haben.

Nun gehen Sie rechter Hand an einer Kirche (💧 Dorfbrunnen an der Kirche) vorbei und halten sich danach rechts, was Sie wieder auf den E4 führt. Sie biegen auf der Straße nach rechts ab und folgen ihr in eine Kehre. Bei einem Haus mit großen Balkonen geht es rechts ab (ohne Markierung) und dann einen Trampelpfad an einem Haus links vorbei, der Sie hinauf zu einer Kirche oberhalb des Ortes führt. Hier ist wieder eine Markierung und es geht rechts weiter.

Gleich darauf kommen Sie an einer weiteren Kirche vorbei. Nun geht es nach Osten weiter auf einen steinigen Pfad und mit zunehmender Steigung durch die **Mavrada-Flanke**. Sie genießen schöne Weitblicke. Teilweise geht es durch stachliges Buschwerk und am Ende noch durch ein kleines Wäldchen. Sie erreichen in einer kleinen Senke eine **Andachtsstelle ❸**, den höchsten Punkt der Etappe (1.006 m). Er bietet ein gutes Panorama.

Von dort steigen Sie nun über den steinigen Pfad nach **Likouria ❹** hinab.

Blick auf Likouria

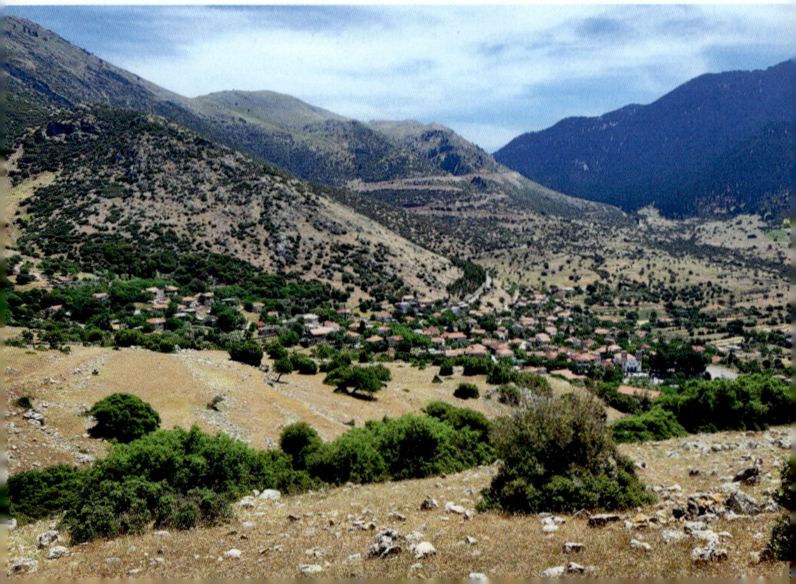

Likouria

✕ 🍷 **Pipis Pizzeria Café**, 80 m vom Weg, 📱 +30/69 74/66 14 31, 💻 pipis-pizzeria-cafe.business.site, 🚪 aktuelle Öffnungszeiten erfragen, schöner Innenhof, @

♦ Es gibt weitere Restaurants im Ort.

Hier findet sich ein kleines gastronomisches Angebot für die Rast. Dies erreichen Sie, wenn Sie beim ersten Abzweig im Ort links gehen. Es gibt auch einen kleinen Laden mit willkürlichen Öffnungszeiten, aber vielleicht haben Sie Glück.

Der E4 führt Sie mit Markierungen direkt wieder nach rechts aus dem Ort. Nach 150 m gehen Sie links von der Straße ab auf einen schönen Wiesenpfad. Dieser führt Sie nach Südwesten ins Tal hinab, teilweise über Fels und Geröll. Später geht es durch etwas Gebüsch, dann wird der Baumbewuchs stärker und spendet Schatten.

Nach 2,4 km gelangen Sie auf die Fahrstraße ❺, die aus dem Ort hinab kommt, und folgen dieser 1,5 km. Dafür können Sie auch den links davon verlaufenden Trampelpfad wählen.

Kurz vor der 💧 **Ladonas-Quelle ❻** mit einer kleinen Käsefabrik geht es markiert nach links auf einen Fahrweg. Sie gehen über die Brücke weiter. Direkt hinter der Quelle zweigt rechts ein Pfad mit Markierungen vom Fahrweg ab, geht gleich nach links und dann schräg rechts den Hang hinauf. Er führt Sie nach 300 m in einer scharfen Rechtskurve nach Südwesten. Dann queren Sie ein idyllisches Hochtal.

⛩ tolle Rastmöglichkeit mit schattigen Bäumen

Nach 250 m lotsen Sie die Markierungen nach links durch die Talsohle und es geht auf der anderen Seite weiter. Lassen Sie sich dabei nicht von einem Fahrweg in die Irre führen, der E4 verläuft links davon.

Nun steigen Sie gut 3 km einen verwunschenen Pfad durchs Unterholz auf, sodass Sie kaum etwas davon mitbekommen, dass Sie eine Flanke passieren. Unterhalb der ersten Häuser zweigt der E4 links auf einen Feldweg ab und Sie erreichen **Pangrati ❼**.

Im Ort biegen Sie links ab. Danach geht es in einer Rechtskurve durch den Ort hinauf, dann auf einem Waldpfad noch ein bisschen weiter hoch zu einem schönen Aussichtspunkt.

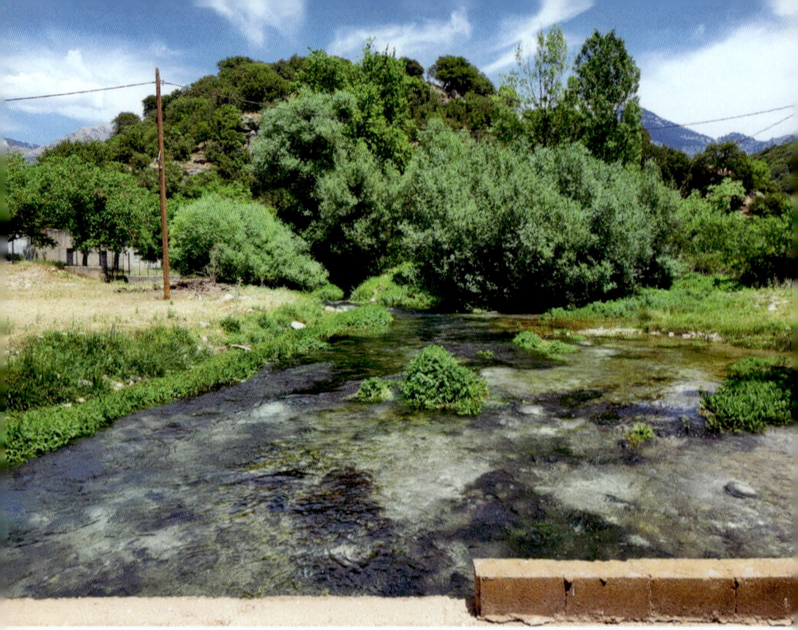

Ladonas-Quelle

Dann macht der E4 eine große Rechtskurve und führt wieder leicht abfallend über eine Flanke die letzten 3 km bis zum Etappenziel.

Dieser Abschluss ist sehr schön mit weitem Blick. Es geht über Fels und Geröll und an einer Stelle einen befestigten Gesteinsweg entlang.

Ganz am Ende treffen Sie auf einen Fahrweg, der Sie links in den Ort führt. Dort folgen Sie der Ausschilderung zur Unterkunft.

Dara

E4-Etap-Hotel Arhontiko Kordopati, direkt am E4, +30/69 78/13 45 74, info@arhontiko-kordopati.gr, www.arhontiko-kordopati.gr, ganzjährig, Bewirtung abends (Vorbestellung bei Ankunft), Reservierung einige Tage im Voraus erforderlich, mehrere Gästehäuser, @, nur Barzahlung, ÜF € 69

Das winzige Dorf verfügt über eine Unterkunft und ein paar Kafenions.

Hier haben Sie den Bezirk **Achaia** der Region **Westgriechenland** verlassen und den Bezirk **Arkadien** der Region **Peloponnes** erreicht.

5. Etappe: Dara – Vytina

18,8 km, 5 Std. 20 Min., ↑ 604 m, ↓ 245 m, ⇧ 494-1.036 m

0,0 km	⇧ 670 m	Dara
9,5 km	⇧ 570 m	Kamenitsa
15,7 km	⇧ 933 m	Nimfasia
18,8 km	⇧ 1.029 m	Vytina BANK

Die heutige kürzere Etappe dient hauptsächlich dem Streckemachen über Landstraßen, aber immerhin durch schöne Auenlandschaften. Das Ziel Vytina ist ein äußerst reizvolles Örtchen mit einem belebten, kleinen Zentrum.

Sie verlassen den Ort mit Markierungen nach Süden. Dann geht es ohne Markierungen auf der Asphaltstraße hinab, bis Sie bei einer kleinen Kirche auf die Nationalstraße 33 ❶ stoßen. Dieser folgen Sie ein paar Meter nach links und biegen auf den ersten Feldweg nach rechts ab (Markierung im Verlauf). Dieser lotst Sie auf eine ruhige Landstraße.

Fahrweg nach Vytina

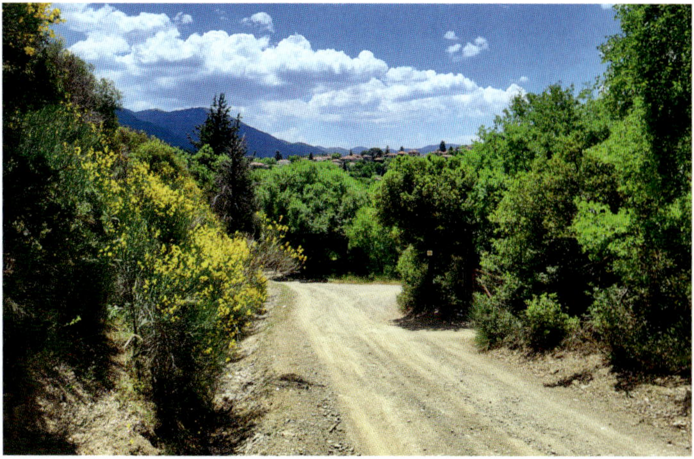

Nun gehen Sie über einen Flusslauf und weiter nach Süden. 700 m nach dem Fluss passieren Sie eine **Taverne ❷**.

✕ **Taverne Drosia Dara**, direkt am E4, 📱 +30/69 77/19 96 34, 💻 greek-restaurant-123.business.site, 🚪 täglich 8:00-18:00

Sie folgen der Straße immer weiter. Sie wird zu einem Fahrweg und Sie erreichen 2,4 km nach der Taverne einen weiteren, kaum Wasser führenden, aber baumreichen Flusslauf ❸. Sie folgen weiter dem Fahrweg nach Süden parallel zum Fluss.

Im weiteren Verlauf (unmarkiert) wird der Fahrweg wieder zur Straße. Etwa 3,5 km nach Erreichen des Flusslaufs stoßen Sie auf eine Autostraße, der Sie 300 m folgen, dann aber biegen Sie direkt wieder links auf eine kleine Straße ab (Markierung). Auf dieser Straße gehen Sie über den Fluss und gelangen kurz darauf nach **Kamenitsa ❹**.

Hinter einem Spielplatz mit 💧 Brunnen gehen Sie ohne Markierung rechts. Nach ca. 300 m weist Sie eine Markierung an einem alten Baum nach links. Der Straße hinauf folgend gehen Sie zum Ortsende und dann in einer Linkskurve weiter. Dann führt Sie der E4 in einer großen Rechtskurve ansteigend ins Klisouras-Tal ❺.

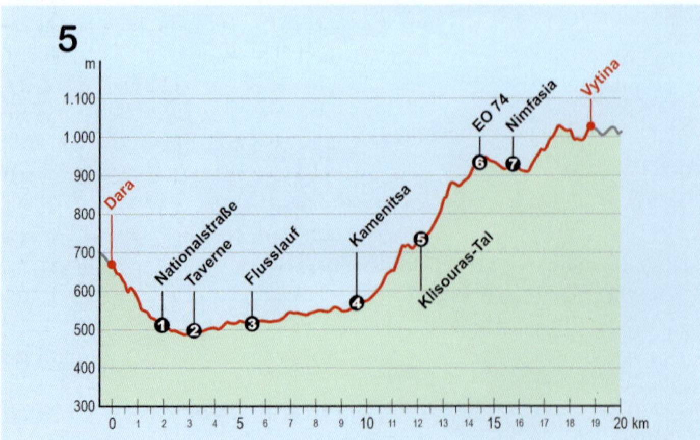

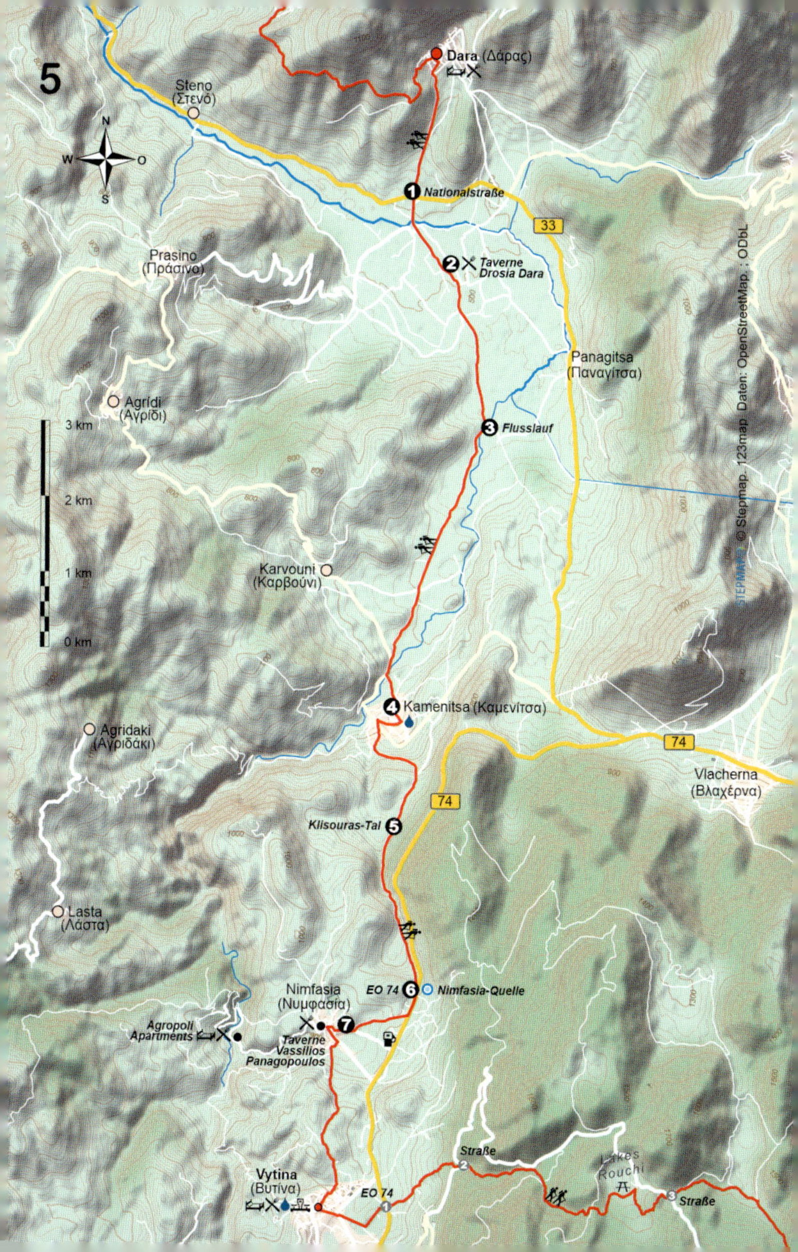

5
Dara (Δάρας)
Steno (Στενό)
N
W
O
S
1 Nationalstraße
33
Prasino (Πράσινο)
2 Taverne Drosia Dara
Panagitsa (Παναγίτσα)
Agrídi (Αγρίδι)
3 km
2 km
1 km
0 km
3 Flusslauf
Karvouni (Καρβούνι)
4 Kamenitsa (Καμενίτσα)
74
Vlacherna (Βλαχέρνα)
Agridaki (Αγριδάκι)
Klisouras-Tal 5
Lasta (Λάστα)
EO 74 6 Nimfasia-Quelle
Nimfasia (Νυμφασία)
7
Agropoli Apartments
Taverne Vassilios Panagopoulos
Straße
Lakes Rouchi
Vytina (Βυτίνα)
EO 74
3 Straße
© Stepmap, 123map Daten: OpenStreetMap ; ODbL

Zwischen dem Fluss Klisouras und der Straße EO 74 geht es weiter ansteigend nach Süden. Die Schnellstraße sehen Sie kaum, da sie oben auf einem Felsvorsprung verläuft. Der Fluss führt kein Wasser, ist aber am Bewuchs zu erkennen.

Sie erreichen eine Ebene mit schöner Auenlandschaft und gehen an einer kleinen Zementfabrik vorbei. Dann gelangen Sie auf die EO 74 ❻ und folgen ihr nach rechts.

↳ Wenn Sie auf der anderen Seite dem Weg beim braunen Schild 160 m nach Osten folgen, kommen Sie zur **Nimfasia-Quelle**.

Sie überqueren fast unmerklich das Flussbett. Nach 400 m verlassen Sie die Schnellstraße gleich wieder nach rechts auf eine kleine Straße (Markierung an einem Baum) und folgen ihr einen guten Kilometer, bis Sie **Nimfasia** ❼ erreicht haben.

Nimfasia

Agropoli Apartments, 1 km vom E4, der Straße nach Westen aus Nimfasia folgen, +30/69 73/85 95 69, agropoli.gr, ganzjährig, Apartments mit Küchenzeile, @, ÜF ab € 86

Taverne Vassilios Panagopoulos, direkt am E4, +30/27 95/02 22 20, Fr-So 13:00-0:00

Im Zentrum des kleinen Dorfes gibt es nicht viel, aber zumindest ein Restaurant. Etwas außerhalb westlich befindet sich ein Apartmenthotel. Direkt an der östlich verlaufenden Schnellstraße gibt es auch noch ein Hotel, das hier nicht extra aufgeführt wird, sowie eine Tankstelle mit Café.

Bei der ersten Gelegenheit biegen Sie ohne Markierung links ab und gehen zum Dorfplatz hinunter. Vor der Taverne biegen Sie wieder links ab. Sie folgen der Straße ein Stück hinab und biegen bei der ersten Möglichkeit nach rechts ab (Markierung). Gleich darauf geht es links auf einen markierten Feldweg.

Nun verlassen Sie den Ort auf dem leicht ansteigenden Weg nach Süden. Diesem folgen Sie 2,2 km, bis Sie **Vytina** erreicht haben. Bei den ersten Häusern halten Sie sich links und gehen eine Gasse hinauf (unmarkiert), die Sie in das kleine Zentrum führt.

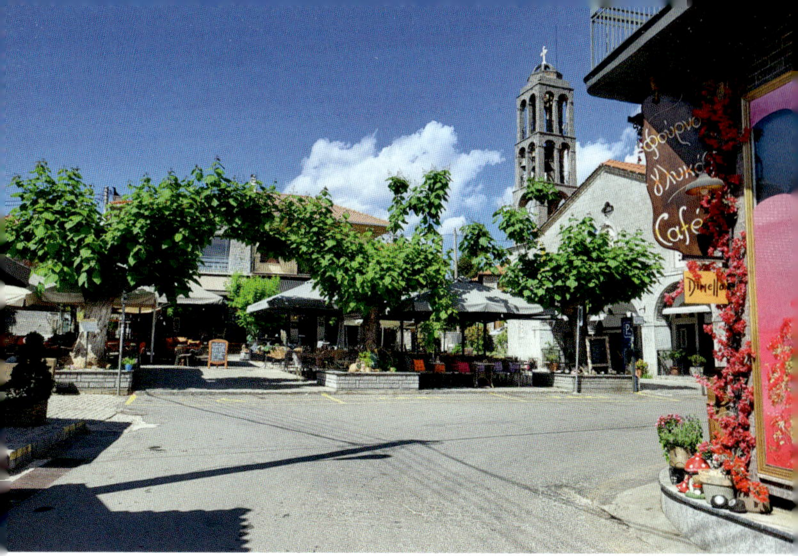

Vytina

Vytina

🛏 **E4-Etap-Hotel Sinoi**, direkt am E4 östlich des Zentrums, ☎ +30/27 95/02 23 54, 📱 +30/694/563 22 41, 💻 www.sinoi.gr, 🚪 ganzjährig, @, ÜF ab € 59

♦ **Pension Archontiko Nikolopoulou**, 300 m vom E4, im Süden des Zentrums, ☎ +30/27 95/02 22 74, 💻 www.arxontikonikolopoulou.gr, 🚪 ganzjährig, Apartments mit Küchenzeile, @, nur Barzahlung, ÜF ab € 76

♦ Es gibt zahlreiche weitere Unterkünfte im Ort.

✕ **Kokkina Pitharia**, 50 m vom E4, ☎ +30/27 95/02 90 30, 💻 www.kokkinapitharia.gr, 🚪 täglich 12:00-0:00

♦ Es gibt zahlreiche weitere Restaurants im Ort.

Das hübsche Bergdorf hat ein kleines, lebhaftes Zentrum an seinem höchsten Punkt. Es verfügt über eine gute touristische Infrastruktur mit Unterkünften, Gastronomie und Geschäften.

➪ Vytina ist ein beliebter Ausgangspunkt für den **Menalon Trail**. Das sind acht Routen mit insgesamt 85 km Länge, die einzeln oder in Kombination begangen werden können.

💻 menalontrail.eu

6. Etappe: Vytina – Kardaras

16,4 km, 5 Std. 30 Min., ↑ 857 m, ↓ 876 m, ⇧ 1.009-1.683 m

0,0 km	⇧ 1.029 m	Vytina
5,4 km	⇧ 1.473 m	Hochebene Lakes Rouchi
10,5 km	⇧ 1.683 m	Menalo Ski Resort
11,9 km	⇧ 1.549 m	Menalon-Hütte
16,4 km	⇧ 1.026 m	Kardaras

Die heutige kurze Etappe führt Sie durch viel Wald hinauf ins Menalo-Gebirge und zum höchsten Punkt der Peloponnes-Durchquerung bei der aussichtsreichen Ostrakina-Hochebene mit Schutzhütte und Gipfeloption. Von dort steigen Sie nach Kardaras ab. Dort steht Ihnen ganzjährig eine tolle Unterkunft mit eigenem Steinhäuschen zur Verfügung.

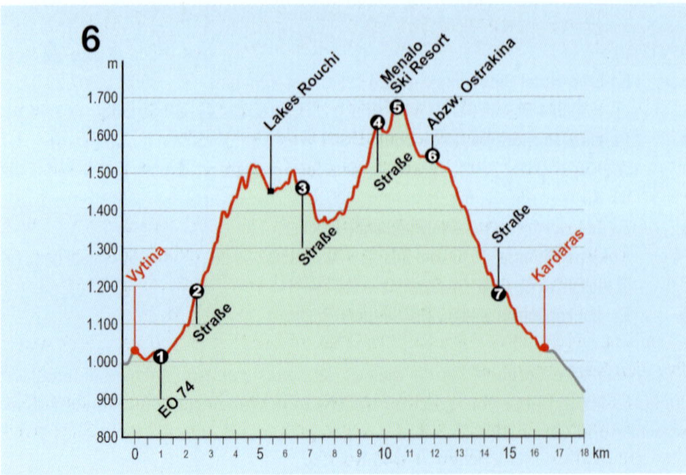

Im Zentrum von Vytina biegen Sie beim Hotel Art Mainalon ohne Markierung nach links ab und gehen hinab nach Osten. Wo die Straße eine Linkskurve macht, halten Sie sich weiter geradeaus und folgen sofort der Markierung nach links auf eine Straße. Diese macht eine Rechtskurve, dann verlassen Sie auf ihr den Ort.

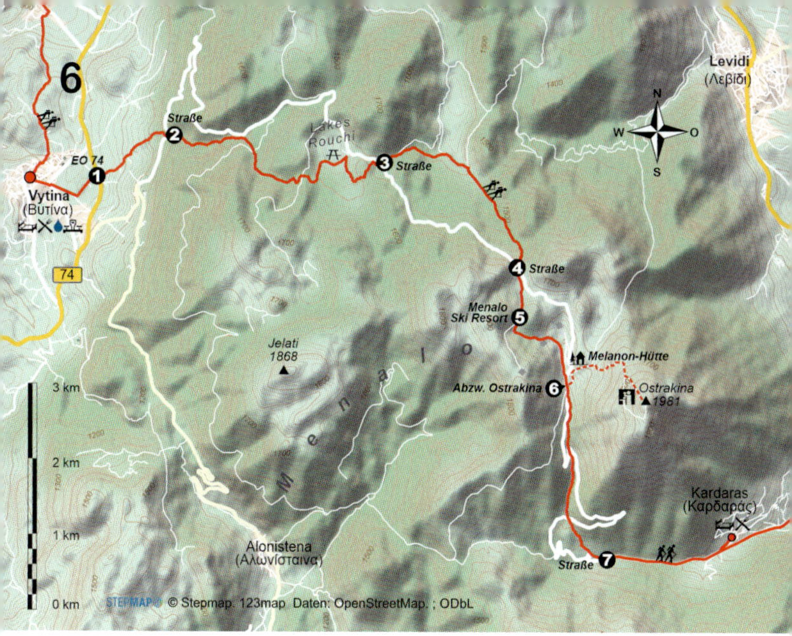

700 m nach dem Start führt die Straße an einem Wäldchen entlang nach links. Bei der ersten Gelegenheit, kurz vor dem Ende des Wäldchens, biegen Sie auf einen Weg nach rechts ab (Markierung) und überqueren die Schnellstraße EO 74 ❶.

Auf der anderen Seite der Schnellstraße folgen Sie geradeaus einer kleinen Straße leicht ansteigend nach Nordosten. Im weiteren Verlauf kommen Sie an einem 💧 Brunnen vorbei und bei einer Kirche endet die Straße. Es geht geradeaus auf einem Wiesenpfad weiter und Sie gelangen in einen Wald.

Im Wald überqueren Sie eine Straße ❷ und steigen ein kurzes Stück weiter links den Schotterweg auf.

In vielen Kurven geht es gut markiert weiter in die Höhe, wobei Sie die Straße stark abkürzen und teilweise auf Fahrwegen gehen. 5,4 km nach dem Start erreichen Sie die kleine Hochebene **Lakes Rouchi**.

Ӣ schöner Rastplatz

Am Ende der Ebene müssen Sie kurz vor der Straße scharf rechts ohne Markierung auf einen Fahrweg abbiegen, im Verlauf kommen wieder Markierungen.

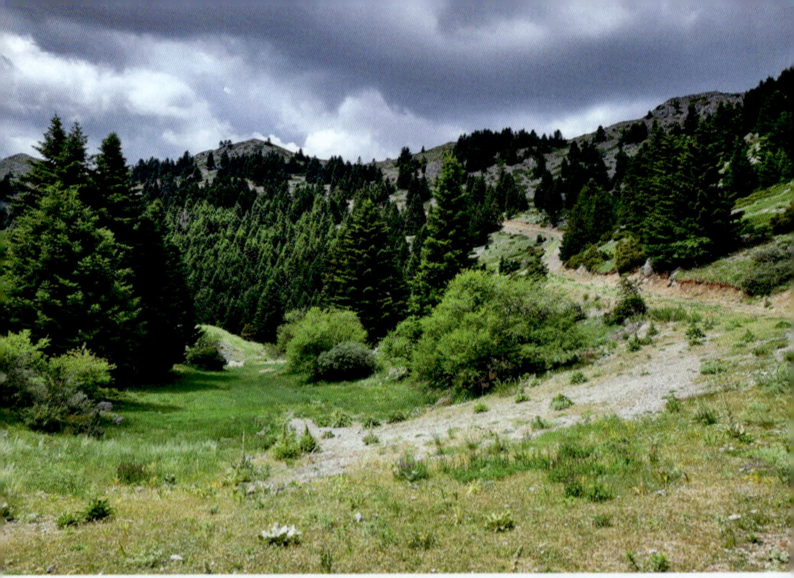

Höchster Punkt der Peloponnes-Durchquerung im Menalo Ski Resort

4,4 km nach der ersten Straßenüberquerung treffen Sie wieder auf die Straße ❸. Sie überqueren die Straße abermals und gehen auf einem Waldpfad rechts eines Fahrwegs weiter. Nun gehen Sie in einer großen Rechtskurve durch den Wald erst leicht abwärts, dann weiter hinauf. Das letzte Stück geht es sehr steil weiter, bis Sie, gut 3 km nachdem Sie ein zweites Mal die Straße gequert haben, ein drittes Mal auf die Straße gelangen ❹.

Diesmal gehen Sie auf ihr ein kurzes Stück nach links und biegen dann nach rechts auf einen Pfad ab, der in ein kleines Wiesental führt. Es geht neben einer Liftanlage noch etwas weiter bergauf bis zu einem Holzhäuschen vor einem von rechts kommenden Weg/Skipiste.

☺ Dies ist mit 1.683 m der höchste Punkt der gesamten Peloponnes-Durchquerung.

Sie halten sich links und durchqueren leicht absteigend auf der Skipiste die Liftanlagen des kleinen **Menalo Ski Resort** ❺. An dessen Ende gehen Sie auf dem Wiesenpfad rechts neben der Autostraße weiter hinab, bis Sie auf die Straße gelangen.

↳ Am folgenden Abzweig ❻ gehen Sie in etwa 200 m zur gut sichtbaren Melanon-Hütte.

Melanon-Hütte, Schutzhütte des Griechischen Bergsteigervereins (EOS), ☎ +30/279 60/222 27, +30/697/222 13 61, info@eostripolis.gr, www.eostripolis.gr, ganzjährig, unter der Woche nur mit Voranmeldung, 30 Plätze in Mehrbettzimmern, Selbstversorgerküche, Ü ab € 20

↳ Am selben Abzweig können Sie einen Abstecher zum **Ostrakina-Plateau** machen (80 Hm, 450 m), der sehr zu empfehlen ist. Folgen Sie dem Weg an der Schutzhütte vorbei hinauf zu seinem Ende.

↳ Hier können Sie außerdem in 430 Hm und ca. 1,2 km auf die aussichtsreiche **Ostrakina** (1.981 m) aufsteigen. Dies ist der höchste Punkt des Menalo-Gebirges. Folgen Sie dem Weg an der Schutzhütte vorbei, dann rechts dem Wegweiser.

Ostra Menalon Luxury Suites in Kardaras

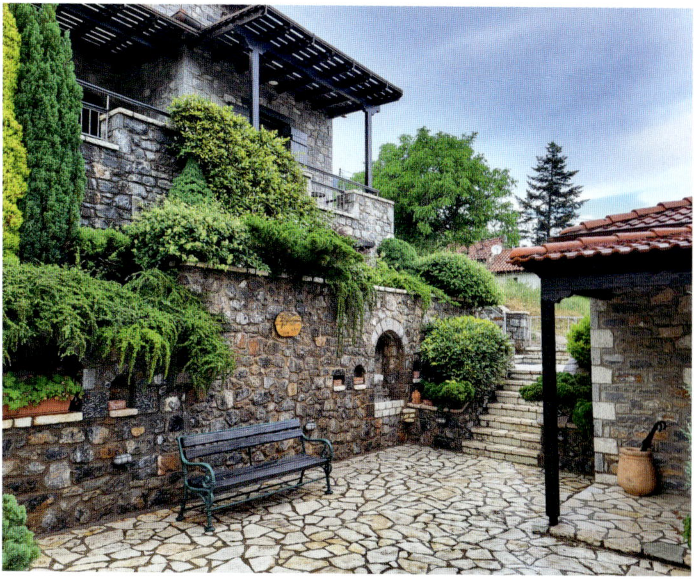

Sie überqueren die Straße ein weiteres Mal und steigen nun parallel der Straße auf einem Trampelpfad ab. Nach 1 km kürzen Sie zwei Kurven der Straße ab, indem Sie der Straße ein kurzes Stück rechts und dann den Markierungen weiter geradeaus durch den Wald immer weiter hinab folgen.

Wenn Sie wieder auf die Straße kommen, gehen Sie dieses Mal ein Stück links, bis der Waldpfad wieder rechts hinab ausgewiesen wird.

2,9 km nach dem Abzweig zum Plateau gelangen Sie ein letztes Mal auf die Straße ❼. Die Markierungen lotsen Sie nochmals in den Wald und parallel zur Straße gehen Sie die letzten 1,6 km nach Nordosten bis nach **Kardaras**. Der Abzweig ins winzige Dorf ist dort erreicht, wo der Waldweg Sie wieder auf die Straße führt.

Kardaras

E4-Etap-Hotel Ostra Menalon Luxury Suites, 20 m vom E4, ☏ +30/27 96/02 27 43, +30/697/728 68 11, www.ostra.gr, ganzjährig, Restaurant nur Oktober bis April, Unterkunft im eigenen Steinhaus mit Küchenzeile, @, Wandermenü als Zimmerservice für € 15 kann bei Ankunft bestellt werden, ÜF ab € 59

♦ **Nefeles Luxury Residences**, 500 m vom E4 im Nordosten des Dorfes, ☏ +30/27 96/02 27 71, info@nefelesmainalon.gr, nefelesmainalon.gr, Oktober bis April, Restaurant Oktober bis April täglich 10:00-0:00, Unterkunft im eigenen Häuschen, @, ÜF, aktuelle Preise erfragen

7. Etappe: Kardaras – Tripoli

20,8 km, 5 Std. 40 Min., ↑ 315 m, ↓ 666 m, ⇧ 656-1.039 m

0,0 km	⇧ 1.026 m	Kardaras
5,7 km	⇧ 708 m	Kapsia
15,4 km	⇧ 869 m	Perithori
20,8 km	⇧ 671 m	Tripoli BANK

Die heutige Etappe ist wie die vorherigen nicht so lang und hat kaum Höhenmeter. Sie machen wieder hauptsächlich Strecke. Im mittleren Teil geht es durch ein schönes Hochtal. Am Ende erreichen Sie mit Tripoli die größte Stadt auf der Peloponnes-Durchquerung.

Sie gehen durch den Ort zurück und folgen dann der Asphaltstraße weiter, die nach Nordosten führt. 1,5 km später gelangen Sie bei einem schon von Weitem sichtbaren Haus an einen Abzweig (Markierung) ❶. Hier nehmen Sie die kleine Asphaltstraße nach rechts. Nach 100 m kommen Sie zu einer weißen Mini-Kapelle. Hier müssen Sie links hinunter auf einen Fahrweg abzweigen, es gibt keine Markierung!

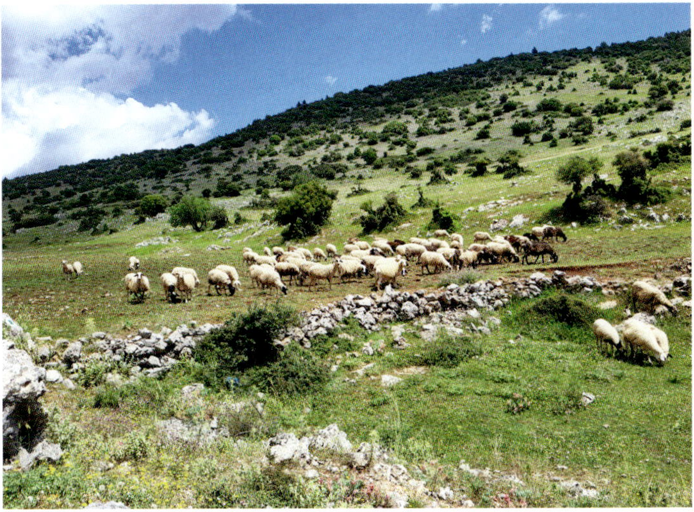

Schafherde bei Perithori

Sie folgen dem Weg über Wiesen 1,5 km nach Westen, wo ein Weg von links auf Ihren Weg führt. Nun geht es in einer Rechts-links-Kurve weiter, bis Sie wieder einmal die Hauptstraße EO 74 ❷ erreichen.

☕ Café Chalet Mainalon, 50 m vom E4 links die Hauptstraße entlang, ☏ +30/27 96/02 90 40, 💻 chalet-mainalon.gr, täglich 7:00-23:00, schöne Anlage mit Terrasse und kleinem Geschäft für Backwaren und Süßigkeiten

Auf der Hauptstraße gehen Sie nach rechts (unmarkiert!) und folgen ihr 2,1 km bis nach Kapsia ❸.

Kapsia

🛏 ✕ 🍷 **Mansion Kalteziotis**, 600 m vom E4, der Hauptstraße durch den Ort folgen, ☏ +30/271/023 58 23, 💻 www.kalteziotis.gr, 🚪 ganzjährig, Restaurant, Spa, @, ÜF, aktuelle Preise erfragen

✕ Taverne Tsiolis, 100 m vom E4, der Hauptstraße in den Ort folgen, ☏ +30/271/022 33 84, 🚪 täglich 12:30-1:00

♦ weitere Einkehrmöglichkeiten

Kapsia ist eine eher belanglose Ortschaft, in der sich ein altes Hotel befindet. Außerdem gibt es ein paar Einkehrmöglichkeiten und östlich davon eine Tankstelle mit Mini-Shop. Sie können ein traditionelles Weingut besichtigen (Kalogris Organic Winery).

Sie gehen nicht in den Ort hinein, sondern biegen direkt am Ende der Leitplanke am Ortsanfang vor einem großen Haus nach rechts auf einen Feldweg (Markierung) ab. Diesem folgen Sie leicht ansteigend in südwestlicher Richtung, dann weist Sie eine Markierung über Wiesen auf kaum erkennbarem Pfad in die Berglandschaft hinein.

Nach einem knappen Kilometer stoßen Sie auf einen von rechts kommenden Fahrweg ❹, dem Sie nun nach links folgen.

Nun geht es eine ganze Weile durch eine schöne Talebene orografisch links eines Bachlaufs entlang, immer gemächlich ansteigend. Der Bach ist häufig versickert.

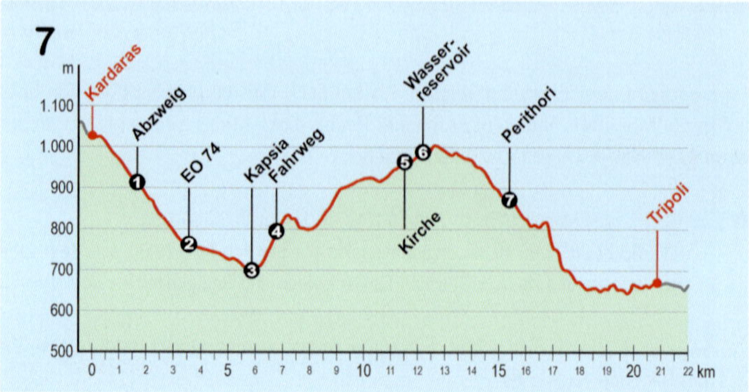

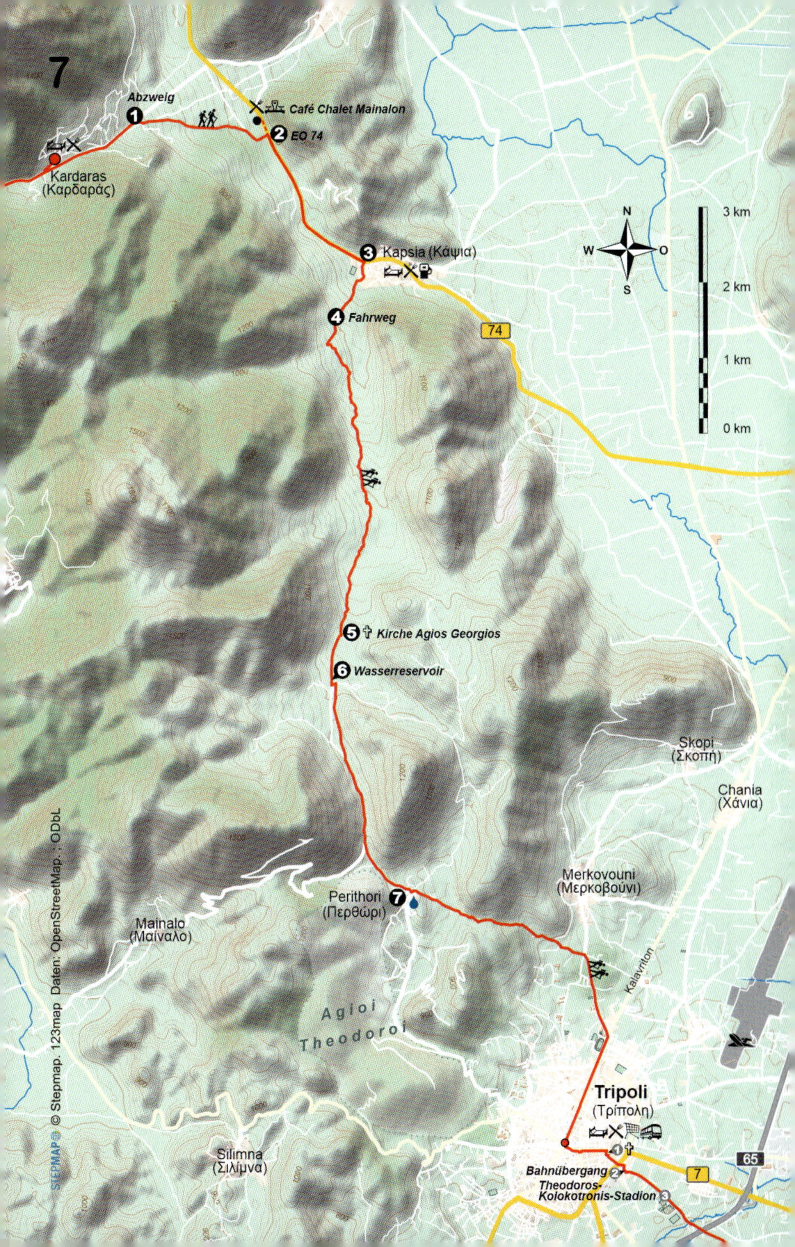

7
1 Abzweig
Café Chalet Mainalon
2 EO 74
Kardaras
(Καρδαράς)
3 Kapsia (Καψια)
4 Fahrweg
74
N
W
O
S
3 km
2 km
1 km
0 km
5 Kirche Agios Georgios
6 Wasserreservoir
Skopi
(Σκοπή)
Chania
(Χάνια)
Merkovouni
(Μερκοβούνι)
7 Perithori
(Περθώρι)
Mainalo
(Μαίναλο)
Agioi
Theodoroi
Kalavriton
Tripoli
(Τρίπολη)
1
Bahnübergang 2
Theodoros-
Kolokotronis-Stadion 3
65
7
Silimna
(Σιλίμνα)
STEPMAP © Stepmap. 123map Daten: OpenStreetMap ; ODbL

Nach 2,2 km müssen Sie links abbiegen (Markierung an einem Baum) und gleich wieder ohne Markierung rechts gehen. Der Fahrweg verliert sich im Gras und Sie gehen auf einem kaum bis gar nicht erkennbaren Trampelpfad weiter. Der folgende Abschnitt ist unmarkiert!

2,4 km später kommen Markierungen und Sie passieren die linker Hand gelegene Kirche **Agios Georgios ❺** mit einer schönen alten Eiche, die Sie schon eine ganze Weile im Blick hatten.

Nun geht es wieder auf einem Fahrweg weiter. 700 m weiter befindet sich links des Weges ein kleines Wasserreservoir ❻ und rechts ein dazugehöriges Gebäude. Danach zweigt ein Fahrweg nach links ab. Sie gehen ihn ein paar Meter und wählen nun den Pfad rechts (erst grün markiert, dann E4-Markierung). Dabei überqueren Sie ohne es zu merken den Bachlauf.

Ab jetzt geht es bis zum Etappenziel wieder abwärts. Sie kürzen im weiteren Verlauf den Fahrweg auf dem Pfad etwas ab, bis Sie nach 900 m wieder darauf gelangen. Einen weiteren Kilometer später mündet der Weg auf eine Straße, der Sie abwärts folgen.

Oleander am Wegesrand

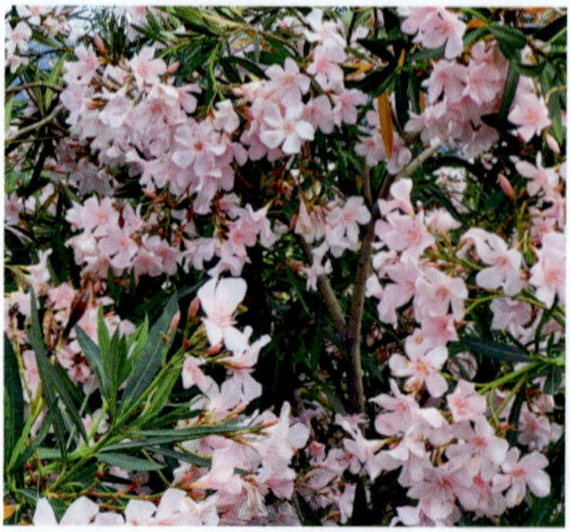

Nach einer leichten Linkskurve kommen Sie in das Dörfchen **Perithori ❼** 💧. Achtung, folgen Sie nicht der ersten Markierung nach links! Diese ist fehlerhaft. Kurz darauf kommt der korrekte Abzweig, der Sie bei einem 💧 Brunnen erst links am Dorfplatz vorbei und dann auf einen Fahrweg rechts lotst.

Es geht über ein Gehöft und unter vielen Strommasten durch. Dann führt der Fahrweg durch das einsame Hinterland und Sie kommen knapp 2 km nach Perithori an einer weiteren Kirche vorbei.

750 m später gelangen Sie bei ein paar Häusern auf eine Fahrstraße, die nach Tripoli führt und der Sie ohne Markierung nach rechts folgen. Im Prinzip haben Sie hier die Agglomeration der Stadt erreicht. Nach einem guten Kilometer erreichen Sie **Tripoli**. Nun geht es nochmals nach rechts auf die Straße Kalavriton, an den hinter einer Mauer verborgenen Sportanlagen des städtischen Stadions vorbei, bis Sie etwa 1,5 km nach dem letzten Abzweig das Zentrum erreicht haben.

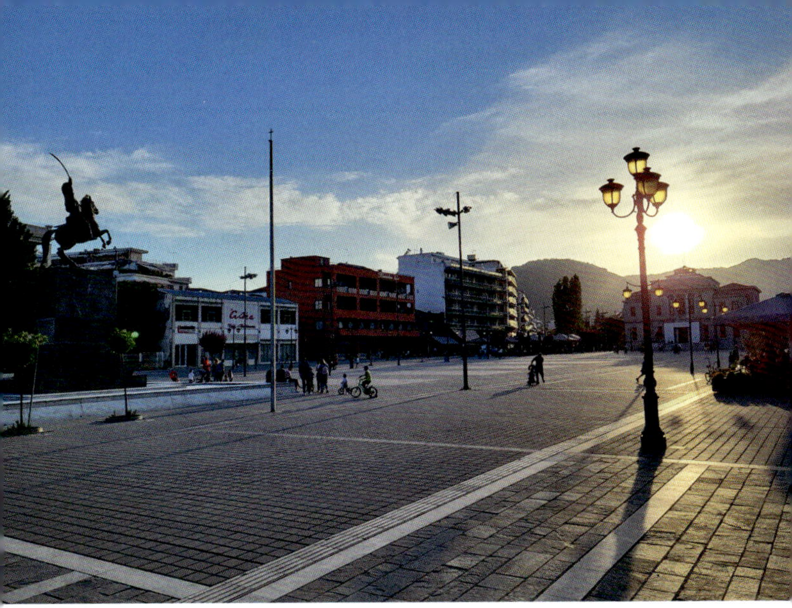

Abendstimmung in Tripoli

Tripoli

- **E4-Etap-Hotel Anaktorikon**, Ethnikis-Antistasis-Straße 48, 150 m vom E4 im Norden der Altstadt beim Philodendron-Park, ☏ +30/271/022 65 45, anaktorikon@otenet.gr, www.anaktorikon.gr, ganzjährig, @, ÜF ab € 84
- ♦ **Alex Hotel,** Geor. A. 26, direkt am E4, ☏ +30/271/022 34 65, www.booking.com/hotel/gr/alex-tripoli.de.html, ganzjährig, @, ÜF ab € 75
- ♦ Es gibt zahlreiche weitere Unterkünfte im Ort.
- ✕ **To Káti Állo**, Nikitara, 50 m vom E4, ☏ +30/271/023 40 50, täglich 11:00-1:00
- ♦ Es gibt unzählige weitere Restaurants im Ort.
- Der öffentliche Busbahnhof der **KTEL Arkadias** befindet sich östlich der Altstadt, ktelarkadias.gr.

Tripoli ist mit 47.000 Einwohnerinnen und Einwohnern die größte Stadt auf dem E4 Peloponnes und die Hauptstadt der griechischen Region Peloponnes, zu welcher der größte Teil der gleichnamigen Halbinsel gehört. Die Universitätsstadt weist entsprechend ihrer Größe ein breites Angebot an Unterkünften, Gastronomie und Geschäften auf. Das Zentrum erstreckt sich rund um den Agiou-Vasiliou-Platz und hat eine große, von Norden auf den Platz führende Fußgängerzone.

8. Etappe: Tripoli – Ano Doliana

21,1 km, 5 Std. 40 Min., ↑ 384 m, ↓ 67 m, ⇧ 648-987 m

0,0 km	⇧ 671 m	Tripoli
5,6 km	⇧ 704 m	Agios Sostis
8,6 km	⇧ 671 m	Stadio
11,4 km	⇧ 676 m	Garea
14,3 km	⇧ 743 m	Psili Vrysi
21,1 km	⇧ 987 m	Ano Doliana

Eine weitere gemütliche Etappe mit wenig Höhenmetern. Sie machen erst mal Strecke aus Tripoli hinaus und kommen schließlich auf einem schönen Feldweg in ländliches Idyll. Dann geht es aber wieder auf der Straße bis Psili Vrysi weiter, wo dann immerhin noch ein schöner Etappenabschluss durch hügeliges Bergland und ein trockenes Flussbett hinauf ins hübsche Ano Doliana wartet.

☹ Bis Psili Vrysi (☞ Seite 82) führt der Weg viel über Asphaltstraßen. Es lohnt sich daher eventuell, bis dorthin ein Taxi zu nehmen. So ist es nur eine kurze Etappe mit 6,8 km und Sie können das idyllische Etappenziel ausgiebig genießen.

Aus Tripoli hinaus wählen Sie bis Agios Sostis am besten Nebenstraßen und nicht den offiziellen E4-Verlauf auf einer Hauptfahrstraße. Gehen Sie zunächst am Agiou-Vasiliou-Platz links in die Venizelou-Straße und folgen Sie dieser 700 m. Überqueren Sie die Straße Atalantis und nehmen Sie dann an der Straße gegenüber den Fußweg rechts an der Kirche Metamorfosi Sotiros ❶ vorbei, die Sie gut an ihrem Doppelturm erkennen können.

Nun folgen Sie der Atalantis-Straße, die nach der Kirche schräg nach links wegführt, 50 m bis an ihr Ende und gehen dann links in der Geor.-Sachtouri-Straße weiter bis zur Schnellstraße EO 7. Sie überqueren diese bei einer Polizeistation und folgen der Straße Geor. Sachtouri weiter bis zu ihrem Ende.

Nun gehen Sie rechts und gleich wieder links zu einem Bahnübergang ❷. Diesen nehmen Sie und halten sich danach links, was Sie auf die Amiklon-Straße führt. Diese geleitet Sie nun allmählich aus der Agglomeration heraus über Felder und Wiesen, am Theodoros-Kolokotronis-Stadion ❸ vorbei.

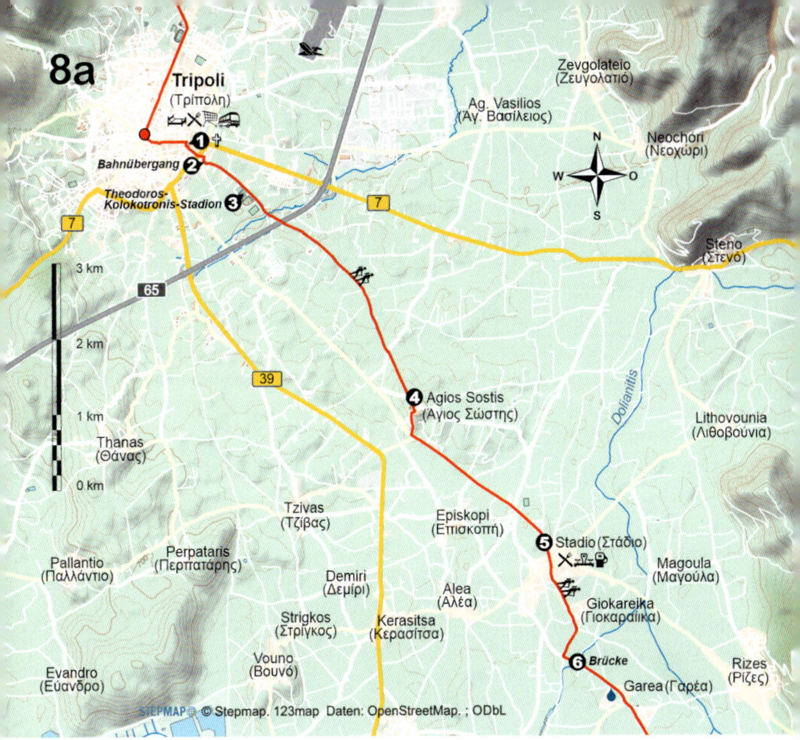
8a
Tripoli
(Τρίπολη)
Bahnübergang
Theodoros-Kolokotronis-Stadion
Zevgolateio
(Ζευγολατιό)
Ag. Vasilios
(Άγ. Βασίλειος)
Neochóri
(Νεοχώρι)
N
W
O
S
7
Steno
(Στενό)
65
3 km
2 km
1 km
0 km
39
Agios Sostis
(Άγιος Σώστης)
Doliannitis
Lithovounia
(Λιθοβούνια)
Thanas
(Θάνας)
Tzivas
(Τζίβας)
Episkopi
(Επισκοπή)
Stadio (Στάδιο)
Magoula
(Μαγούλα)
Pallantio
(Παλλάντιο)
Perpataris
(Περπατάρης)
Demiri
(Δεμίρι)
Alea
(Αλέα)
Giokareika
(Γιοκαραίικα)
Strigkos
(Στρίγκος)
Kerasitsa
(Κερασίτσα)
Brücke
Vouno
(Βουνό)
Evandro
(Εύανδρο)
Garea (Γαρέα)
Rizes
(Ρίζες)
STEPMAP © Stepmap. 123map Daten: OpenStreetMap. ; ODbL

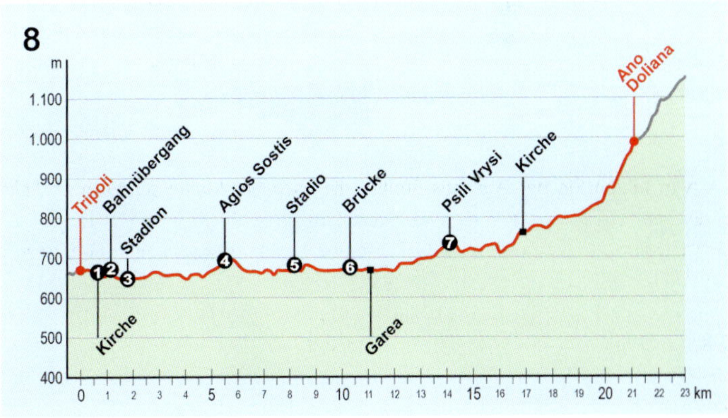
8
m
1.100
1.000
900
800
700
600
500
400
Tripoli
Bahnübergang
Stadion
Agios Sostis
Stadio
Brücke
Psili Vrysi
Kirche
Ano Doliana
Kirche
Garea
0 1 2 3 4 5 6 7 8 9 10 11 12 13 14 15 16 17 18 19 20 21 22 23 km

2,5 km nach dem Start erreichen Sie eine Autobahnunterführung, die Sie nehmen, und einen guten Kilometer später haben Sie endlich das Ende der Teerstraße erreicht. Der Weg bekommt eine gewisse ländliche Idylle.

Auf einem Feldweg geht es nun immer weiter geradeaus, bis Sie nach etwa 1,2 km auf einen anderen Weg stoßen. Sie halten sich aber geradeaus und folgen Ihrem Feldweg weiter, der nun zwischen Trockenmauern entlangführt und etwas wilder wird. Gegen Ende weichen Sie dem Gestrüpp aus, indem Sie auf einem Trampelpfad in der Wiese rechts daneben weitergehen.

Kurz darauf erreichen Sie das Dörfchen **Agios Sostis ❹**. Sie gelangen auf eine geteerte Straße, der Sie nach links bis zu ihrem Ende folgen. Dann gehen Sie nach rechts und die Straße mündet auf einer etwas stärker befahrenen Straße, die Sie bisher mit der Alternativroute vermieden haben.

Hier erreichen Sie auch wieder den offiziellen, aber erst ab Garea markierten E4-Verlauf.

Idyll hinter Tripoli

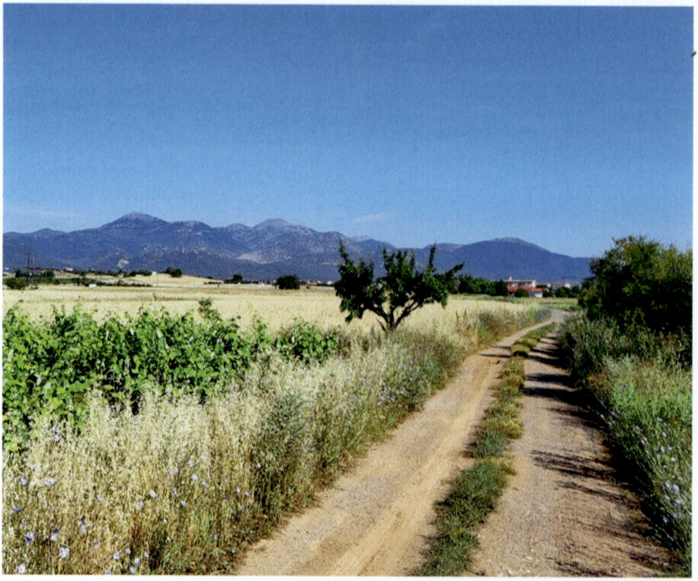

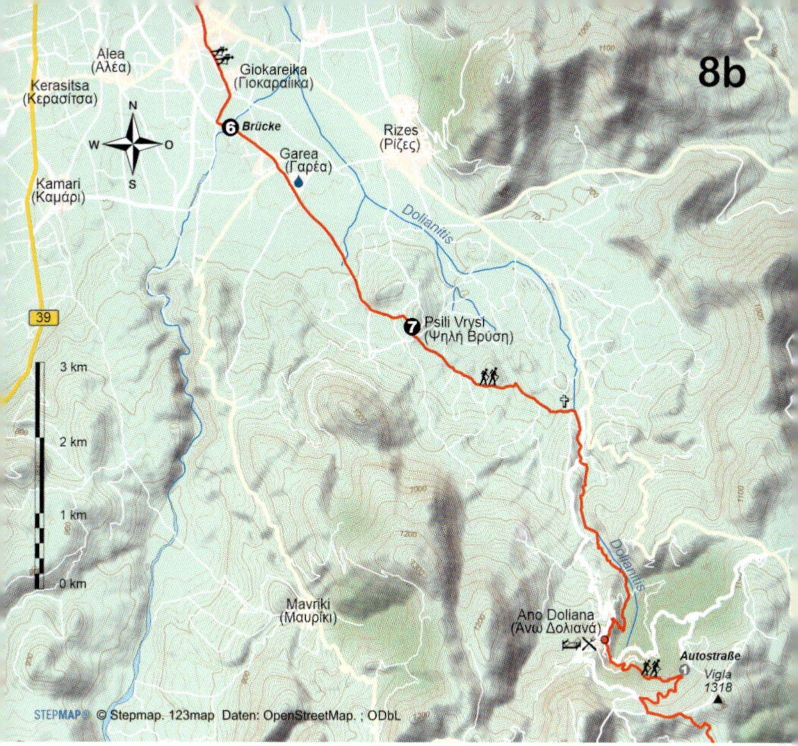

Nun biegen Sie links ab und müssen der Autostraße 2,4 km folgen, bis Sie **Stadio ❺** erreicht haben. Beim Wegweiser zur Post können Sie die Autostraße endlich nach rechts verlassen.

Stadio

Kafenion Bampas Athanasios mit Kiosk, direkt am E4 nach der Kirche, ☏ +30/271/055 68 60, täglich 8:00-0:00

Mini Market Lýsi, direkt am E4 kurz vor der Kirche, täglich 8:00-15:00 und 17:00-22:00

♦ ein paar weitere Einkauf- und Einkehrmöglichkeiten an der Hauptstraße

Der landwirtschaftlich geprägte Ort bietet für Wanderinnen und Wanderer Einkehrmöglichkeiten und einen Mini Market.

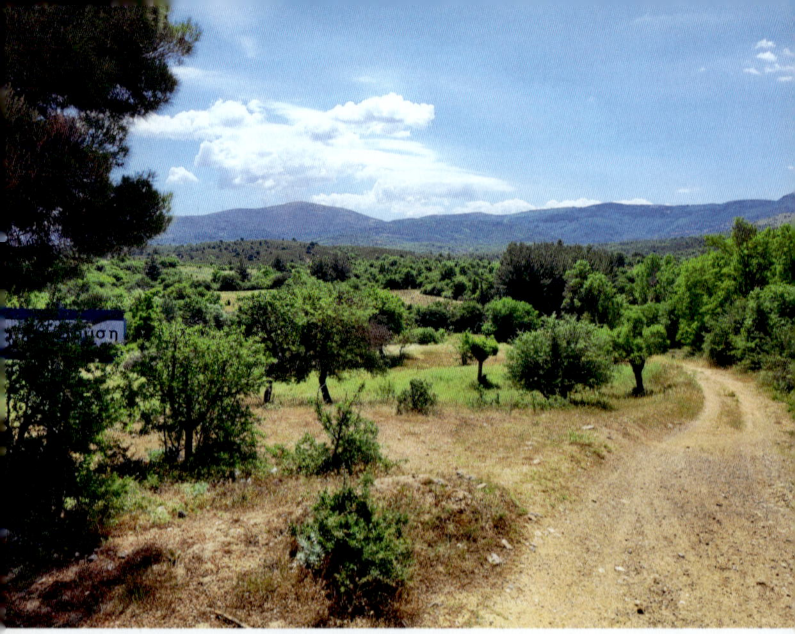

Ortsende von Psili Vrysi

Nach der Kirche mit einem kleinen Kiosk und Kafenion gehen Sie geradeaus weiter. Sie kommen am Friedhof und einer weiteren Kirche vorbei und folgen 200 m danach der Straße in einer Rechtskurve aus dem Ort hinaus.

An der nächsten Kreuzung folgen Sie dem Straßenverlauf nach links und gelangen 200 m später auf eine kleine Brücke ❻ über einen ausgetrockneten Flusslauf.

Immer weiter dem Straßenverlauf folgend kommen Sie 800 m nach der Brücke durch die kleine Ortschaft **Garea** 💧. Hier stoßen Sie wieder auf eine E4-Markierung.

Sie gehen rechter Hand am Dorfplatz mit 💧 Brunnen vorbei und bleiben weitere 2,8 km auf der Straße, die ganz leicht ansteigt und in ein paar Kurven durch die Landschaft führt. Endlich haben Sie **Psili Vrysi** ❼ erreicht.

Sie folgen der Straße komplett durch den Ort, bis diese bei einer kleinen Kreuzung eine Linkskurve macht. Im Verlauf der Kehre nehmen Sie leicht rechts den markierten Feldweg und gehen rechter Hand am Schild vorbei, welches das Ortsende markiert.

Es folgt der schöne Abschluss der bislang nicht besonders spannenden Etappe für 6,8 km bis zum Etappenziel. Nun geht es nämlich wieder in die Berglandschaft hinein. Im leichten Anstieg wandern Sie 2,6 km auf Feldweg, bis Sie eine Kirche mit kleinem Friedhof passieren.

Danach verlassen Sie den Feldweg und folgen dem Wegweiser rechts einen trockenen Bachlauf hinauf nach Süden, parallel zur Straße. Nach 800 m kreuzen Sie die Autostraße und folgen dem Bachlauf weiter. Wegweiser führen Sie im Verlauf einen Weg orografisch rechts des Laufs weiter, dann erreichen Sie ihn wieder.

Die Schilder weisen auf die orografisch linke Seite, da geht es erst durch etwas Dickicht! Sie wandern weiter auf einem guten Waldweg und wieder ins Flussbett hinein.

Später führen Markierungen wieder orografisch links des Baches weiter und hier beginnt der Bachlauf, Wasser zu führen. Nun lotst Sie der E4 im kurzen Anstieg nach **Ano Doliana** zunächst östlich an den ersten Häusern vorbei und dann in den kleinen Ortskern hinein.

Ano Doliana

- **Tholos**, direkt am E4, tholos.tripcombined.com, ganzjährig, Restaurant mit Terrasse täglich 8:00-0:00, aktuelle Preise für ÜF erfragen
- **E4-Etap-Hotel Erasmion**, direkt am E4, +30/271/023 40 73, +30/697/270 65 80, info@erasmion.gr, www.erasmion.gr, ganzjährig, Apartments mit Küchenzeile, @, ÜF ab € 69
- **1821 En Dolianis Boutique Hotel**, direkt am E4, +30/271/022 33 57, 1821boutiquehotel.gr, ganzjährig, @, ÜF ab € 93
- **Taverne Platanos**, +30/271/024 31 78, aktuelle Öffnungszeiten erfragen, tolle Aussichtsterrasse
- Es gibt einige weitere Einkehrmöglichkeiten.

Das hübsche, winzige Bergdorf im Parnon-Gebirge mit alten Steinhäuschen liegt aussichtsreich am Hang. Es hat nur eine Handvoll feste Einwohnerinnen und Einwohner, aber viele Sommerresidenzen von Einheimischen.

Ano Doliana verfügt als touristischer Stützpunkt über ein kleines Beherbergungs- und Bewirtungsangebot. Dieses ist größtenteils entlang einer terrassenartigen Gasse mit tollem Panorama zu finden. Über dem Ort wacht eine schöne Steinkirche.

9. Etappe: Ano Doliana – Karies

22,3 km, 6 Std. 55 Min., ↑ 700 m, ↓ 776 m, ⇧ 905-1.304 m

0,0 km	⇧ 987 m	Ano Doliana
13,0 km	⇧ 941 m	Agios Petros
22,3 km	⇧ 917 m	Karies

Auf der heutigen Etappe geht es durchs Parnon-Gebirge. Sie steigen bis unterhalb des Palioailias auf und dann in das hübsche Agios Petros ab. Von dort geht es nochmals in die Berge hinauf und Sie wandern durch wunderschöne Eichenwälder bis nach Karies, dessen Zentrum ein architektonisches Highlight auf der Peloponnes-Durchquerung ist.

Sie folgen der Gasse, die am Restaurant Tholos vorbei nach Süden aus dem Ort hinausführt. Nach etwa 300 m kommen Sie an einer Betonmauer vorbei, an deren Ende Sie den markierten Abzweig rechts hinauf wählen. So kürzen Sie eine große Kehre der Autostraße ab. Nun wird die Straße zu einem Pfad mit zunehmender Steigung. Dabei kommen Sie an einem Steinbrunnen vorbei. Nach weiteren 300 m und etwas Gestrüpp gelangen Sie abermals auf eine Straße, der Sie ein kleines Stück folgen, bevor Sie direkt wieder rechts abzweigen und im Wald aufsteigen.

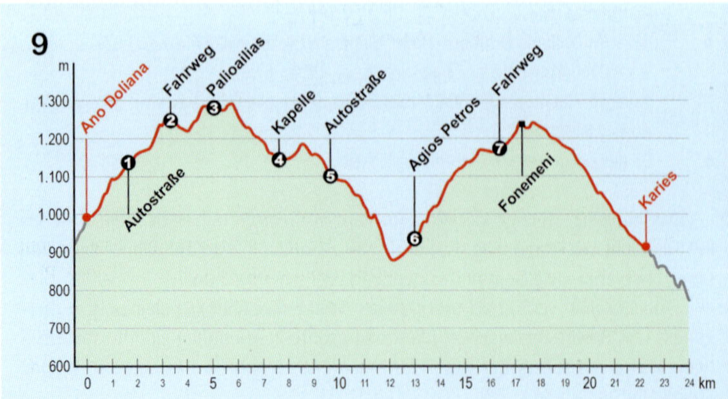

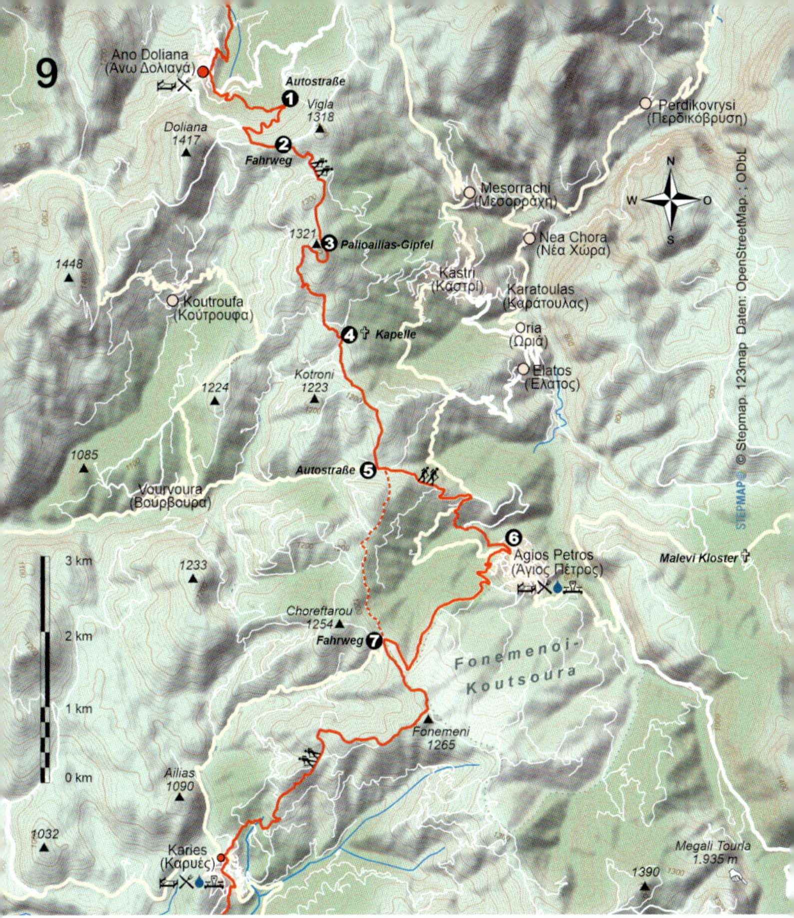

1,6 km nach dem Start haben Sie die Autostraße ❶ wieder erreicht, die Sie am Ortsende verlassen haben. Nun folgen Sie ihr nach rechts ein paar Kehren durch Kieferwald, dann können Sie wieder eine größere Kehre auf einem Pfad links hinauf durch Farn und Gestrüpp abkürzen (Markierung).

Bei einem Windpark erreichen Sie wieder eine Straße. Sie folgen ihr nochmals links 500 m hinauf in Richtung Vigla. Bei der ersten Möglichkeit biegen Sie aber rechts auf einen Fahrweg ❷ ab (Steinmännchen).

Im Verlauf rückt das Panorama des **Megali Tourla** (Gipfel: 1.935 m), der mächtige Blickfang des **Parnon-Gebirges** (auch **Parnonas** genannt), immer mehr ins Sichtfeld. Es geht weiter bergauf, bis Sie schließlich 5,2 km nach dem Start unterhalb des **Palioailias-Gipfels** ❸ (Gipfel: 1.321 m) angekommen sind.

Der Fahrweg führt links um den Gipfel herum und nun geht es gemütlich abwärts, wobei die Abzweige unterschiedlich gut markiert sind. Der Weg macht erst eine große Rechtskurve. Dann mündet der Fahrweg auf einen anderen Weg und Sie biegen nach links ab.

Danach kommt ein Weg von links und Sie gehen rechts. Kurz darauf kreuzt ein Weg Ihren Pfad, hier halten Sie sich geradeaus.

2,4 km nach dem Gipfel kommen Sie zu einer kleinen Kapelle ❹, die im Wald kaum zu sehen ist. Hier halten Sie sich rechts, beim nächsten Abzweig direkt wieder links und folgen dem Weg gut 2 km bis zu dessen Ende.

Nun haben Sie die Autostraße ❺ nach Agios Petros erreicht. Dieser folgen Sie nach links Richtung Osten und bleiben etwa 1,5 km auf ihr.

↳ Wenn Sie Agios Petros nicht als Stützpunkt benötigen, können Sie sich den Abstieg und dahinter erforderlichen Aufstieg sparen. Gehen Sie einfach auf dem kleinen Kamm hoch oberhalb des Ortes weiter. Wählen Sie dazu bei der ersten Gelegenheit den Feldweg nach rechts. Bei Erreichen der Autostraße südlich von Agios Petros sind Sie wieder auf dem regulären E4-Verlauf (☞ Seite 87).

Dann kommt eine Kreuzung, wo Sie rechts abbiegen und der Straße 300 m weiter folgen. Jetzt können Sie links (unmarkiert) auf einen Weg abbiegen, der Sie deutlich kürzer als die Straße nach **Agios Petros** führt. Er ist allerdings sehr wild, obwohl es der offizielle Wegverlauf ist. Eine hohe Kante oberhalb eines Feldes passieren Sie am besten, indem Sie links gehen, bis die Kante niedriger wird. Bei einem Bachlauf treffen Sie wieder auf die Straße, die hier nurmehr ein Fahrweg ist. Nach dem Friedhof haben Sie die ersten Häuser erreicht ❻.

Agios Petros

- **E4-Etap-Hotel Pension O Malevos**, 200 m vom E4, ☏ +30/27 92/031 15 53 13 75, 📱 +30/694/45 37 73 28, 💻 www.hotels-in-greece.com/arkadia/malevos, ganzjährig, Apartments mit Küchenzeile, @, Ü ab € 63
- ♦ **Hotel Parnon**, 150 m vom E4, ☏ +30/27 92/03 11 96, 💻 www.hotelparnon.gr, ganzjährig, 🍸 Bar, @, Ü ab € 50

✗ **Taverne Bazaros**, 150 m vom E4, gegenüber vom Hotel Parnon, ☏ +30/27 92/03 10 88, täglich 8:00-1:00

♦ Es gibt mehrere weitere Restaurants und Cafés im Ort.

Agiopetritiko, 150 m vom E4 neben der großen Kirche, ☏ +30/27 92/03 11 55, täglich 9:00-21:00, kleines Lebensmittelgeschäft der Betreiber des Hotels O Malevos

Das schöne Bergdorf mit Prachtpanorama auf den **Megali Tourla** (1.935 m) hat eine eindrucksvolle Kirche mit Kuppelbau und Dorfbrunnen und erstreckt sich an einem Hang. Es lädt mit zwei Hotels, ein paar Lädchen und viel Gastronomie zum Verweilen ein. Viele Gäste, die in den Ort kommen, nutzen ihn als Ausgangspunkt für einen Besuch des gut 7 km entfernten **Malevis-Klosters**.

Der E4 führt nicht weit in den Ort hinein, stattdessen gehen Sie ohne Markierungen bei der ersten Möglichkeit rechts eine Treppe hinauf. An einer schönen kleinen Kirche vorbei geht es rechts nach Westen vom Ortskern weg. Nach 100 m wählen Sie die linke Straße (Markierung), die nach Süden in die Berge hinaufführt. 3,3 km bleiben Sie nun auf dieser Straße durch Kieferwald mit schönen Ausblicken über das **Parnon-Gebirge**.

Nach einer Rechts-links-Kurve können Sie auf den ungeteerten Fahrweg nach links ❼ abbiegen (nicht der erste Abzweig nach rechts, dieser gehört zur Variante über den Kamm!). Wenn Sie über den Kamm gegangen sind, kommen Sie hier wieder auf die Originalroute.

Nun geht es durch lichten Mischwald im Wechsel mit sehr schönen Eichenwäldern. Nach etwa 1 km auf dem Feldweg kommen Sie unmerklich auf den **Fonemeni** (Gipfel: 1.265 m). Hier gehen Sie beim Wegweiser rechts und wandern noch etwa 4,7 km gemächlich absteigend bis nach **Karies**. Bei den folgenden Abzweigen ist nicht immer ein E4-Symbol, Sie halten sich einfach immer bergab.

Karies

E4-Etap-Hotel To Archontiko tou Parnona, 800 m vom E4 im Osten der Ortschaft, ☏ +30/27 31/09 50 14, +30/697/419 22 61, hotelparnona@gmail.com, www.arhontiko-parnona.gr, ganzjährig, ÜF ab € 75

♦ **Ferienhof Stephania's Stone House**, direkt am E4, +30/697/594 40 23, www.booking.com/hotel/gr/stephania-39-s-stone-house.de.html, aktuelle Öffnungszeiten erfragen, Mindestaufenthalt 2 Nächte, Apartment mit Küchenzeile, Ü ab € 120/2 Nächte

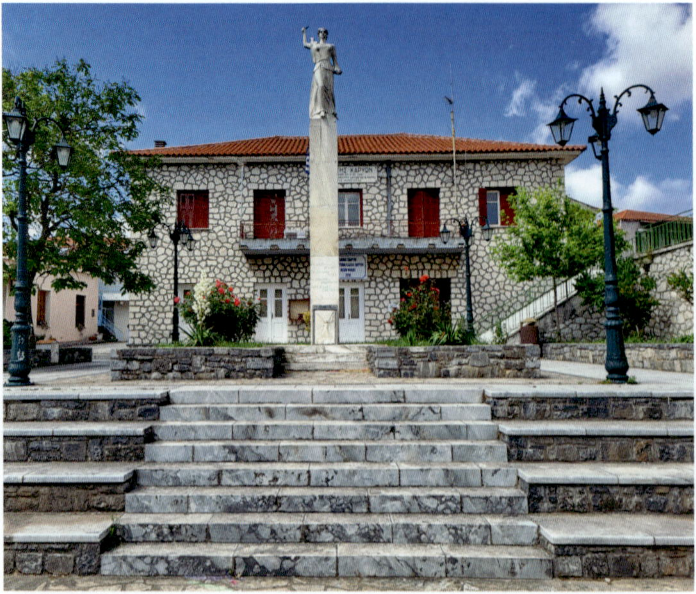

In Karies

🛏 Es gibt weitere Unterkünfte im Ort.

✕ **Restaurant Plátanos**, direkt am E4, ☏ +30/27 31/09 53 66, täglich 12:30-23:30

♦ Es gibt weitere Gastronomie im Ort.

Market Karies, direkt am E4, ☏ +30/27 31/09 51 54, marketkaryes.business.site, Mo-Sa 8:30-14:00 und 17:30-21:00

Ein prachtvoll gestalteter Hauptplatz unterhalb der zentralen Kirche Agios Andreas aus Sandstein mit ihrem aufwendig gestalteten Kirchenschiff machen das historische Städtchen zu einem Highlight. Es verfügt über eine gute Infrastruktur mit Unterkünften, Gastronomie und kleinen Geschäften. Das namensgebende Karyatiden-Monument ist oberhalb des Ortskerns zu finden, allerdings nur als Replik.

Hier haben Sie den Regionalbezirk ein letztes Mal gewechselt und sind von Arkadien nach **Lakonien** in der Region **Peloponnes** gekommen.

10. Etappe: Karies – Vresthena ☆

11,7 km, 3 Std. 30 Min., ↑ 178 m, ↓ 341 m, ⇧ 668-917 m

0,0 km	⇧ 917 m	Karies
2,2 km	⇧ 772 m	Bach Kato Rema
11,7 km	⇧ 746 m	Vresthena

Die heutige Etappe ist sehr kurz und ein sehr schöner Abschnitt. Sie wandern durch einsame Hügellandschaft im Parnon-Gebirge zum kleinen Örtchen Vresthena. Hier gibt es derzeit nur Privatzimmer als Übernachtungsmöglichkeit, da die kommunale Herberge geschlossen ist (Stand Sommer 2022: Wiedereröffnung geplant). Sie können diese und die folgende Etappe auch an einem Tag absolvieren, sollten dann aber so früh wie möglich aufbrechen. Da die letzten 9 km bis Sparta in der nächsten Etappe sowie die ersten 5 km von Sparta bis Mystras auf der übernächsten Etappe nicht sonderlich attraktiv sind, ist es auch eine Überlegung wert, sich auf der nächsten Etappe ab Theologos (☞ Seite 95) mit dem Taxi nach Sparta oder direkt nach Mystras (☞ Seite 98) fahren zu lassen.

Ziel der Etappe: Vresthena

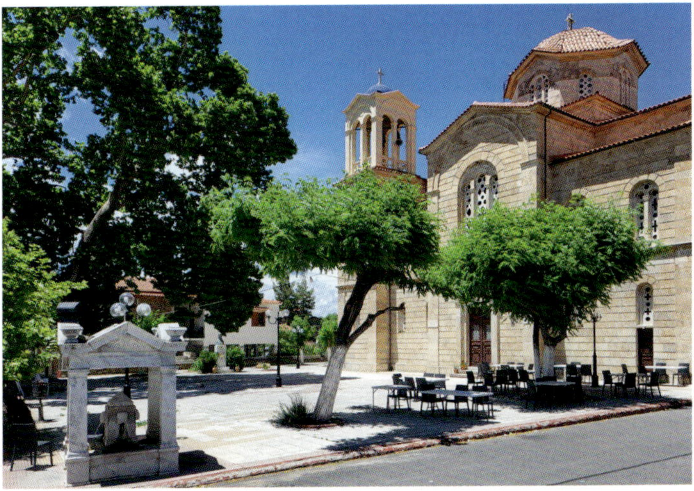

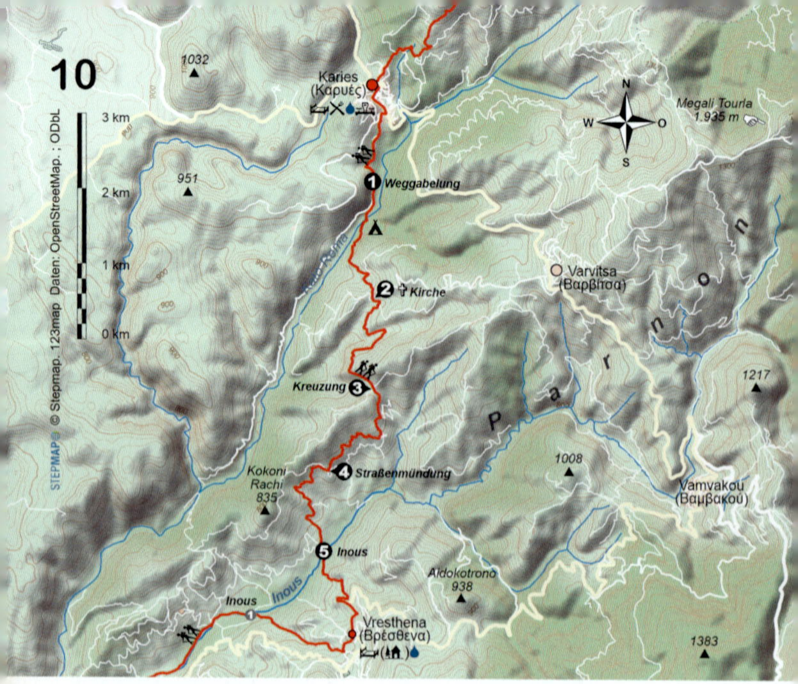

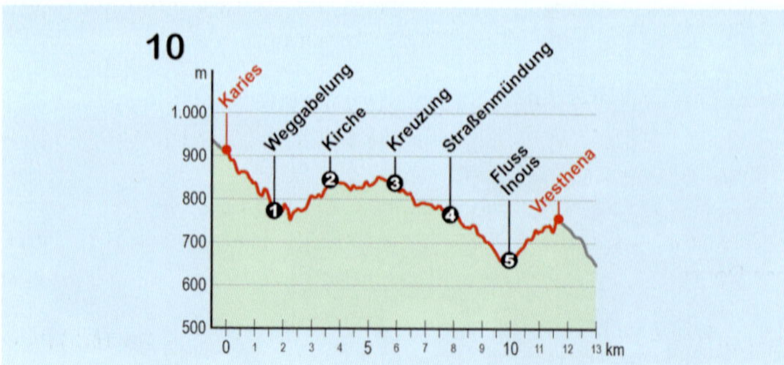

Im Ort überqueren Sie die Hauptstraße und folgen dem Wegweiser eine Gasse mit Kopfsteinpflaster entlang zum Hauptplatz. Beim Hauptplatz halten Sie sich links abwärts und erreichen die Hauptstraße Epar. Od. Karion-Vamakou wieder. Weiter geht es auf der Hauptstraße in südliche Richtung. Nach der Taverne Apeth mit 💧 Brunnen verlassen Sie die Hauptstraße nach rechts und biegen gleich links ab.

Es geht auf einem Feldweg durch die bewaldete Hügellandschaft des Parnon-Gebirges und an ein paar Felsen vorbei. Nach 1 km kommen Sie an eine Weggabelung ❶ und halten sich links bergab.

Sie erreichen nach insgesamt 2,2 km den **Bach Kato Rema** mit schönem Ufer für eine Pause und dank Wasserversorgung einer der wenigen Stellen zum (inoffiziellen!) Wildcampen.

Sie überqueren das Bett des Kato Rema und folgen dem Weg 1,4 km, wo ein anderer Weg von links kommt. Sie halten sich hier rechts (Markierung) und folgen dem Weg immer weiter leicht ansteigend in südliche Richtung. Nun gehen Sie an einer Kirche ❷ vorbei (hier die beiden Linksabzweige ignorieren).

Nach der folgenden Links-rechts-Kurve halten Sie sich wieder rechts und folgen dem kurvenreichen Weg leicht aufwärts durch den Wald.

Nach insgesamt 4 km Aufstieg durch den Wald haben Sie den Scheitelpunkt erreicht. Hier befindet sich bei einer weit ausgefahrenen Stelle eine Kreuzung ❸ mit einem von links kommenden Fahrweg. Sie gehen geradeaus und folgen der Markierung abwärts.

Schon bald öffnet sich der Blick auf Vresthena und das Inous-Tal. Bei den folgenden zwei Abzweigen halten Sie sich jeweils rechts. Es geht kurvenreich immer weiter abwärts. 2 km nach dem Scheitelpunkt mündet erst rechts und gleich darauf links ein Fahrweg auf Ihren Weg ❹ und Sie halten sich mittig.

Es geht noch weiter kurvenreich abwärts. Fast unten kommen Sie an eine unmarkierte Gabelung und gehen links. Sie steigen noch bis zum trockenen Flussbett des Inous ❺ ab und überqueren es.

Nun folgt noch der gemächliche, 1,4 km lange Aufstieg durch den Wald nach Vresthena. Nach dem Passieren der ersten Häuser mündet Ihre Straße auf die Hauptstraße durch den Ort.

Dieser folgen Sie nach rechts hinab, bis Sie rechter Hand eine schöne, große Kirche mit Vorplatz und Brunnen passieren. Sie ist quasi das Zentrum des kleinen Dorfes.

Vresthena

Der sehr hilfsbereite Wirt der Taverne to Kamari kann Ihnen ein Privatzimmer für die Übernachtung im Ort organisieren und hat Infos, ob und wann die kommunale Herberge wieder eröffnet.

Die kommunale Herberge war 2022 geschlossen, die Wiedereröffnung ist geplant.

Taverne to Kamari, Panajotis, +30/698/936 47 88, täglich 10:00-1:00

Der sehr kleine Ort hat eine wunderschöne, überdimensionale Kirche mit einem Löwenkopfbrunnen und tollem Vorplatz. Hier befindet sich auch die Taverne als einziges gastronomisches Angebot.

11. Etappe: Vresthena – Sparta

28,8 km, 7 Std. 55 Min., ↑ 225 m, ↓ 769 m, ⇧ 191-754 m

0,0 km	⇧ 746 m	Vresthena
17,7 km	⇧ 606 m	Theologos
24,2 km	⇧ 230 m	Kladas
24,8 km	⇧ 214 m	Kokinorachi
28,8 km	⇧ 209 m	Sparta, Zentrum BANK

Sie machen heute erst eine tolle Wanderung durch meist trockene, wilde und einsame Flusstäler und durch die Berge des Parnon-Gebirges hinauf nach Theologos. Die letzten 9 km dieser Etappe und die ersten 5 km der nächsten Etappe sind aus Wanderperspektive dann allerdings nicht mehr besonders schön und es geht die ganze Zeit auf Asphalt. Sie können einen Tag sparen, indem Sie von Theologos bis zum Etappenende in Sparta (oder gleich nach Mystras bei km 5 der nächsten Etappe) ein Taxi nehmen.

Hinter dem Vorplatz der großen Kirche wählen Sie den Weg, der zwischen zwei Häusern hindurch weiter geradeaus nach Süden und dann Südwesten führt. Oben auf einem Hang angekommen geht es rechts ohne Markierung weiter und Sie folgen einem Bachlauf im Wald. Der Weg führt Sie im Verlauf leicht absteigend vom Bachlauf weg.

Etwa 1 km nach dem Start kommen Sie unter einer Stromleitung hindurch und müssen sich dann unmarkiert rechts halten. Sie erreichen den Fluss Inous ❶, den Sie schon vor Vresthena gequert haben.

Sie folgen dem Trampelpfad durch das meist trockene, wilde und einsame Flussbett nach links abwärts. Nach 700 m stoßen Sie auf eine Teerstraße, der Sie nicht folgen, sondern Sie nehmen den kurz darauf beginnenden Weg rechts des Flusslaufs. Der Weg wechselt ein paar Mal die Seite, bis der Lauf 5,2 km nach dem Start in ein anderes Flussbett mündet. Nun gehen Sie abermals links und folgen dem schönen Flusstal hinab. Im weiteren Verlauf entfernt sich der E4 etwas vom Flusslauf und führt leicht oberhalb auf der orografisch rechten Seite weiter.

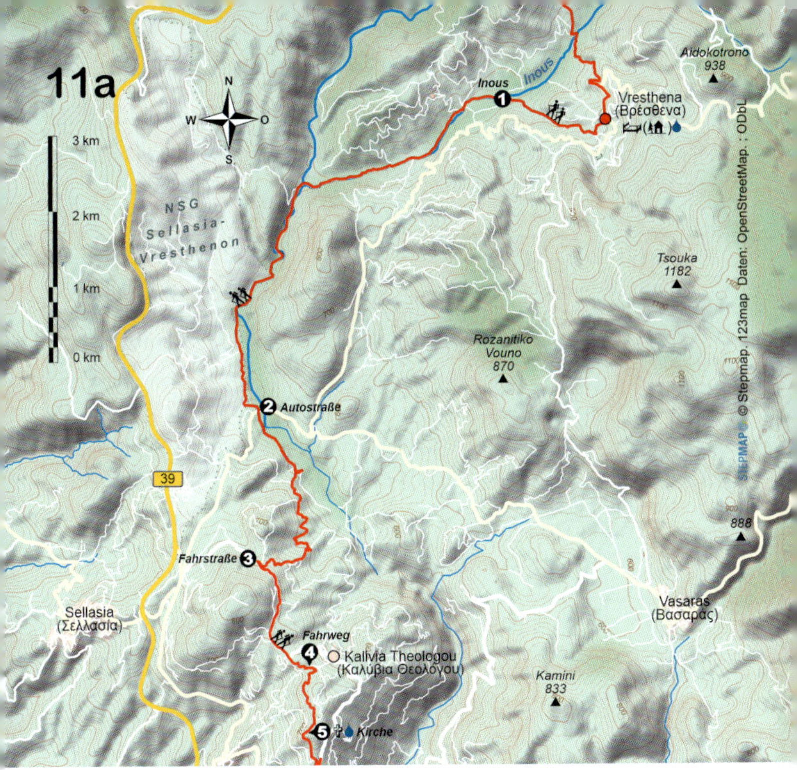

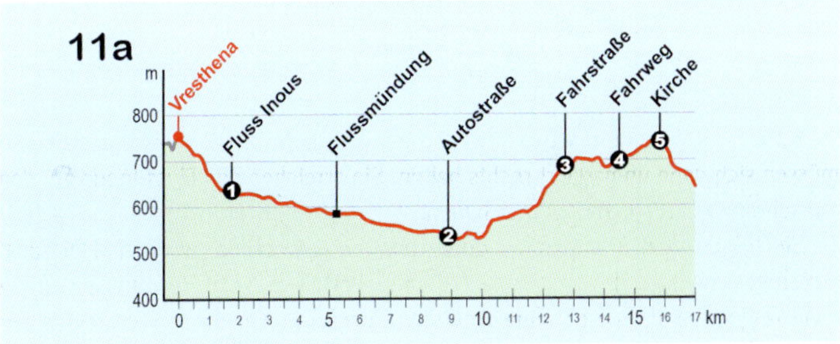

Nach 4 km kommen Sie zur Autostraße ❷ aus Vresthena, die Sie über die Flussläufe umgangen haben. Sie überqueren die Straße und gehen weiter geradeaus. Bei einer Gabelung halten Sie sich links.

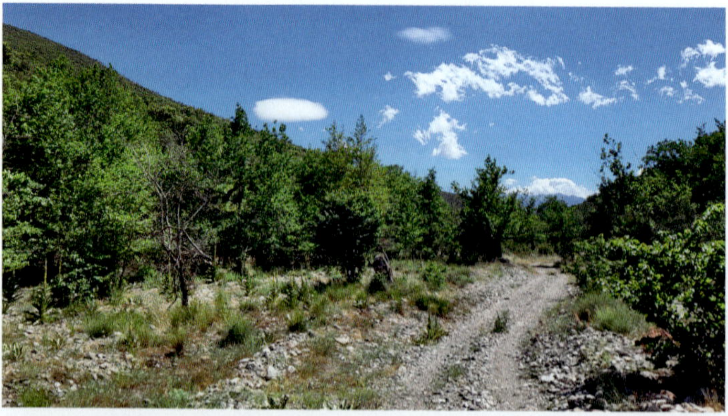

Trockener Flusslauf vor Theologos

Etwa 1 km nach der Autostraße macht der E4 eine enge Rechtskurve (keine Markierung! Wählen Sie den ansteigenden Weg!) und führt in zahlreichen Kehren vom Flusstal weg in die Berge hinauf und in den Wald hinein.

Nach dem Aufstieg mündet der Weg in eine Straße ❸. Sie gehen scharf links und folgen der Straße noch leicht ansteigend nach Süden. Bei einer Gabelung nach 1,6 km halten Sie sich geradeaus und gehen noch 300 m weiter.

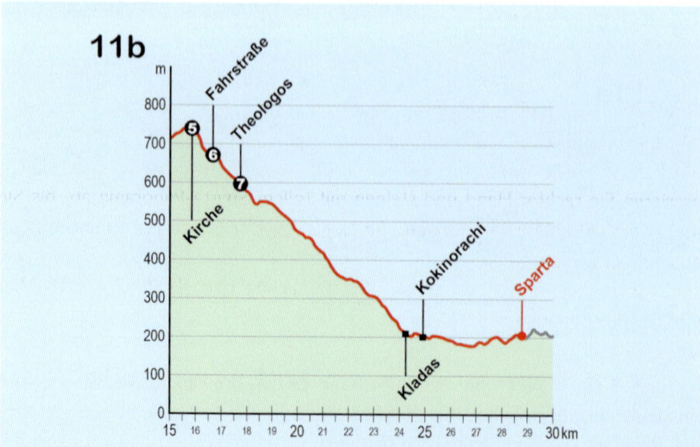

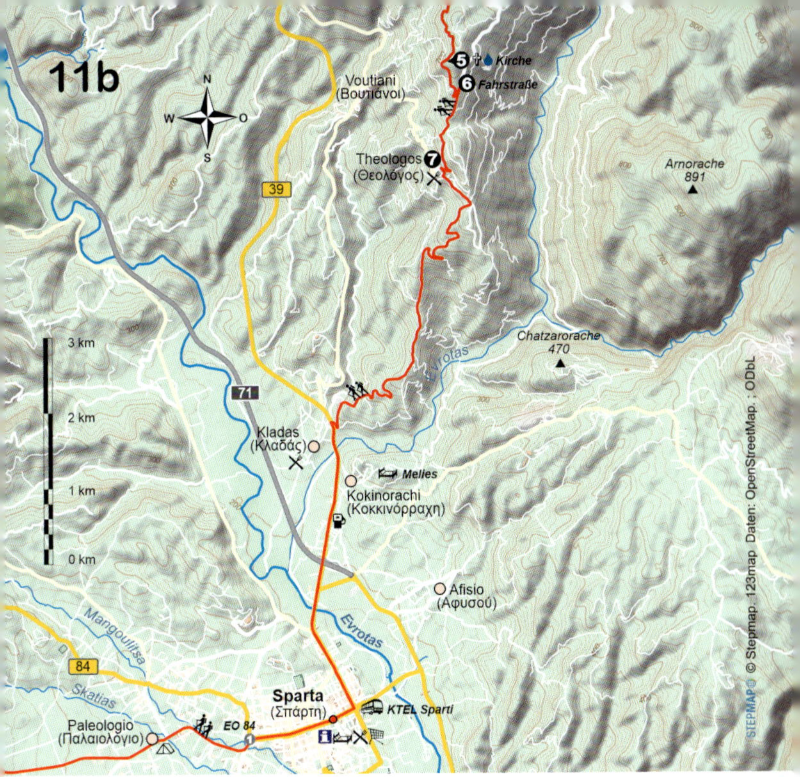

In einer scharfen Linkskehre nehmen Sie den Fahrweg ❹, der geradeaus weiterführt, um ein großes Stück der Straße abzukürzen. Bei den zwei folgenden Weggabelungen (km 15,6 und 15,7) halten Sie sich rechts und es geht noch ein Stückchen bergauf bis zu einer Kirche mit Brunnen ❺ in einem Wäldchen. Diese passieren Sie rechter Hand und steigen mit tollem Sparta-Panorama ab, bis Sie wieder auf die Straße ❻ gelangen. Sie biegen nach scharf rechts ab und bleiben nun auf der Straße.

17,7 km nach dem Start erreichen Sie die kleine Ortschaft **Theologos** ❼. Hier gibt es ein Restaurant.

✕ **Restaurant Chagiati**, direkt am E4, +30/694/796 92 20, Di-Sa 18:00-1:00 und So 10:00-1:00

☹ Die letzten 9 km der Etappe und die ersten 5 km der nächsten Etappe sind nicht besonders schön zu gehen. Vielleicht möchten Sie lieber ein Taxi nach Sparta nehmen oder gleich bis Mystras (☞ S. 98).

Sie folgen der Straße durch den Ort und biegen nach der ersten Rechtskurve bei einem gelben Haus unmarkiert scharf links ab, um die Straße abzukürzen.

Nun geht es leider noch ganze 9 km weiter über Asphalt bis Sparta, immer leicht abfallend. Nach 6 km kommen Sie rechts an einem Friedhof vorbei und dann mündet die Straße nach einer Rechtskurve auf der Schnellstraße EO 39.

Hier beginnt die Agglomeration mit den typischen Einkehr- und Einkaufmöglichkeiten entlang einer Schnellstraße. Zunächst passieren Sie das Dorf **Kladas** ✕. Sie halten sich links ohne Markierung und müssen nun dieser Straße 4 km folgen.

Sie überqueren den Evrotas und kommen nach **Kokinorachi** 🛏 ⛽.

Kokinorachi

🛏 ⛽

🛏 **Melies Hotel**, 500 m vom E4, nach der Flussüberqerung links, ☎ +30/27 31/02 94 00, 💻 www.booking.com/hotel/gr/melies-sparti.html, 🚪 ganzjährig, 🍸 Bar, 🏊 Pool, @, ÜF ab € 100

Nach 2 km geht es unter der Autobahn A 71 hindurch. Danach kommt ein kurzes Stück ohne Seitenstreifen. Kurz darauf geht es über einen weiteren kleinen Lauf des Evrotas. Danach gibt es nur links einen Seitenstreifen. Ins Stadtzentrum von **Sparta** gelangen Sie, indem Sie bei dem Geschäft Evrotas Clean rechts in die Straße **Leof. Likourgou** abbiegen. Nach 700 m erreichen Sie den Hauptplatz.

Sparta

ℹ 🛏 ✕ ☕ 🍸 🛒 BANK ✚ ☆ 🚌

ℹ **Sparta Municipal Tourist Office**, Evaggelistrias 83-91, östlich des Zentrums, ☎ +30/27 31/02 81 66, 🚪 täglich 9:00-21:00

🛏 **E4-Etap-Hotel Cecil**, Konstatinou Palaiologou 125, 250 m vom E4, beim Hauptplatz der Straße Konstatinou Palaiologou nach Norden folgen, ☎ +30/27 31/02 49 80, ✉ info@hotelcecil.gr, 💻 www.hotelcecil.gr, 🚪 ganzjährig, @, aktuelle Preise erfragen

♦ **Hotel Lakonia**, Konstatinou Palaiologou 125, 30 m vom E4, beim Hauptplatz der Straße Konstatinou Palaiologou nach Norden folgen, ☎ +30/27 31/02 89 52, 💻 www.lakoniahotel.gr, 🚪 ganzjährig, @, ÜF ab € 46

♦ Es gibt zahlreiche weitere Unterkünfte im Ort.

Restaurant Kexribari, Gkortsologou 81, 20 m vom E4, am Hauptplatz, ☏ +30/27 31/30 24 40, www.kexribari.com, täglich 12:00-1:00

♦ Es gibt ein umfangreiches weiteres gastronomisches Angebot.

öffentlicher Busbahnhof **KTEL Sparti**, Leof. Likourgou 23, östlich des Zentrums, umfangreiche Verbindungen zu zahlreichen Orten, www.ktel-lakonias.gr

Mit über 16.000 Einwohnerinnen und Einwohnern ist Sparta nach Tripoli die zweitgrößte Stadt auf dem E4. Sie liegt am Fuß des **Taygetos-Gebirges**. Palmen und Orangenbäume zeugen davon, dass Sie nun schon recht weit im Süden der Peloponnes angekommen sind. Die Stadt ist auch ein wichtiges wirtschaftliches Zentrum der Peloponnes. Dementsprechend finden Sie hier ein breites Angebot an Unterkünften, Gastronomie und Geschäften rund um den quirligen Zentralplatz. Das moderne Sparta wurde 1836 im Auftrag von Otto I, dem ersten König Griechenlands und Sohn König Ludwigs I. von Bayern, schachbrettartig mit ausladenden Straßen und Plätzen errichtet. Im Norden des Zentrums befindet sich das Grab von Leonidas I, dem sagenumwobenen Feldherrn und König von Sparta. Vom Xenia-Hügel im Osten können Sie das Zentrum mit dem dahinter verlaufenden Gebirgsmassiv schön überblicken. Nördlich der Stadt können die Ruinen des antiken Sparta besichtigt werden, die von der Geschichte der wohl stärksten Militärmacht der griechischen Antike zeugen.

Archäologisches Museum, Sparta

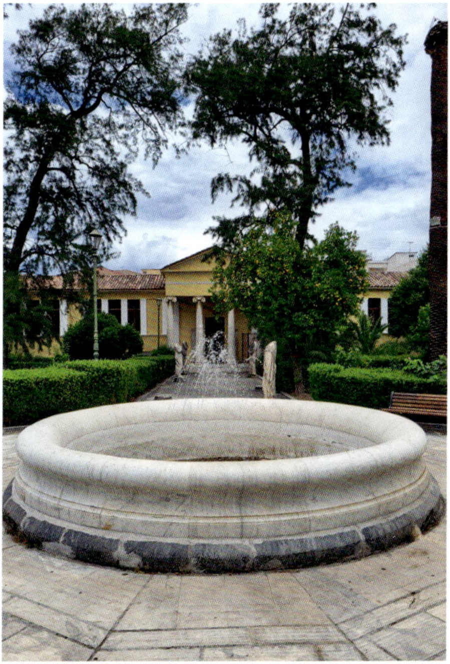

12. Etappe: Sparta – Anavriti

13,3 km, 4 Std. 35 Min., 727 m, 115 m, 209-826 m

0,0 km	209 m	Sparta, Zentrum
1,8 km	223 m	Agia Irini
2,8 km	235 m	Paleologio
4,9 km	291 m	Mystras
6,0 km	281 m	Parori
6,3 km	307 m	Lagada-Schlucht
11,2 km	774 m	Faneromeni-Kloster
13,3 km	806 m	Anavriti

Heute geht es von Sparta in die byzantinische Ruinenstadt Mystras, die zum UNESCO-Weltkulturerbe gehört. Von dort steigen Sie durch die dramatische Lagada-Schlucht ins Bergdorf Anavriti am Fuße des Taygetos-Gebirges auf.

Vom Hauptplatz folgen Sie ohne Markierungen der Straße Leof. Likourgou hinauf nach Westen. An deren Ende biegen Sie links auf die EO 84 ❶ ab und folgen ihr 4,3 km. Es geht erst über einen Fluss und dann nach Westen aus Sparta hinaus. Für die unschöne Strecke werden Sie mit einem Taygetos-Panoramablick entschädigt. Sie müssen anfangs auch nicht direkt auf der Straße gehen, rechts davon verläuft bis **Agia Irini** ein Fußweg. Danach passieren Sie Paleologio.

Paleologio

Camping Paleologio Mystras, +30/27 31/02 27 24, +30/698/012 50 14, www.campingpaleologio.com, ganzjährig, Mini Market, Restaurant, Pool, @, Zeltstellplatz ab € 10

Gut 2 km später erreichen Sie **Mystras** ❷.

Mystras

E4-Etap-Hotel Mystras Inn, direkt am E4, +30/27 31/08 26 66, hotelscheck-in.com/mystrasinn, ganzjährig, Bar, @, ÜF ab € 60

Castleview Camping, östlich des Zentrums direkt am E4, +30/27 31/08 33 03, www.castleview.gr, ganzjährig, Restaurant, Pool, @, Zeltstellplatz für zwei ab € 21, ÜF im eigenen Bungalow ab € 55

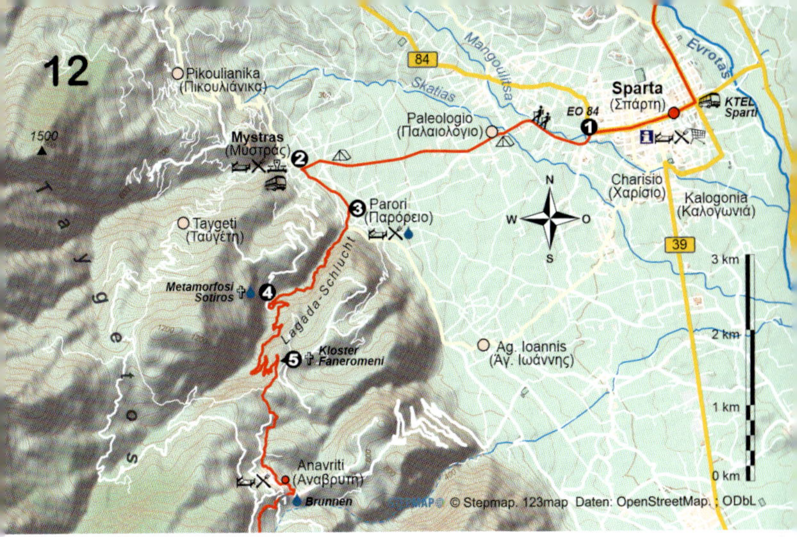

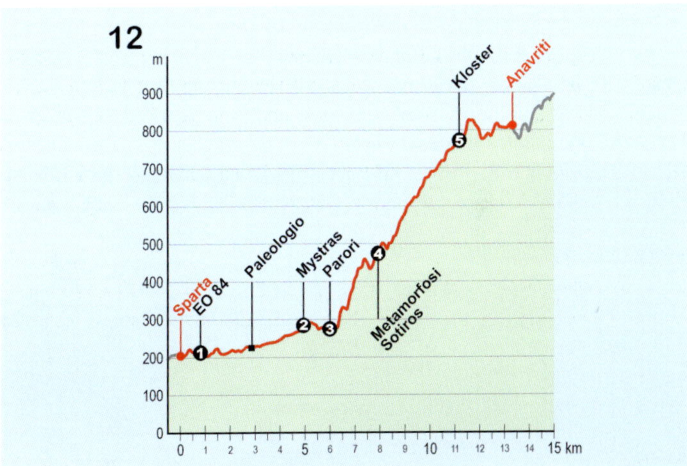

- ♦ Es gibt zahlreiche weitere Unterkünfte.
- ✗ **Restaurant Palaiolologos**, direkt am E4, ☏ +30/27 31/02 08 10, täglich 8:00-2:00
- ♦ Es gibt zahlreiche weitere Einkehrmöglichkeiten.
- 🚌 Busverbindung nach Sparta, 💻 www.ktel-lakonias.gr

Die eindrucksvolle byzantinische Ruinenstadt geht auf das 13. Jahrhundert zurück und zählt zum UNESCO-Weltkulturerbe. Dementsprechend ist sie ein beliebter Touristenmagnet mit umfangreichem Verpflegungs- und Übernachtungsangebot.

Am zentralen Platz verlassen Sie die EO 84 und biegen vor dem Mystras Inn links ab auf eine Straße mit anfänglich Kopfsteinpflaster. Dieser folgen Sie etwa 900 m bis ins Nachbardorf **Parori** ❸ 🛏 🍴 💧. Hier gibt es weitere Unterkünfte und Restaurants. Zahlreiche sprudelnde Brunnen erfreuen mit ihrem Rauschen.

Am Ende des Ortes führt in einer Kehre bei einer Kirche mit 💧 Brunnen ein gut ausgeschilderter Wanderweg rechts von der Straße ab. Es gibt kein E4-Symbol, da der E4 früher einen anderen Verlauf ab Mystras hatte und der neuere Verlauf noch nicht markiert ist. Folgen Sie dem **orangen Dreieck**.

Sie gehen die schöne **Lagada-Schlucht** hinauf, durch die eine abenteuerliche Wasserleitung verlegt wurde. Bei einem Abzweig geht es links weiter. Nach dem ersten steilen Aufstieg kommen Sie auf ein mit Beton befestigtes und teilweise gesichertes Band, das eindrucksvoll durch den linken Steilhang führt.

Nach 1,8 km Aufstieg durch die Schlucht erreichen Sie die Kirche Metamorfosi Sotiros ❹ mit 💧 Brunnen. Hier kommen wieder E4-Markierungen. Sie folgen diesen nach links an der Kirche vorbei. Es geht auf breitem Weg weiter.

Wasserleitung in der Lagada-Schlucht

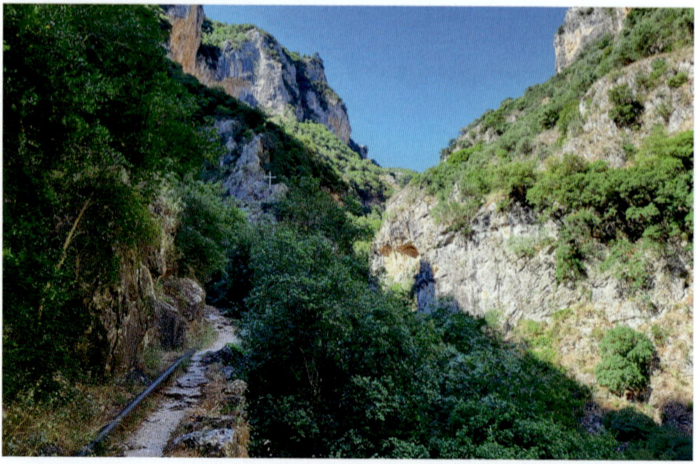

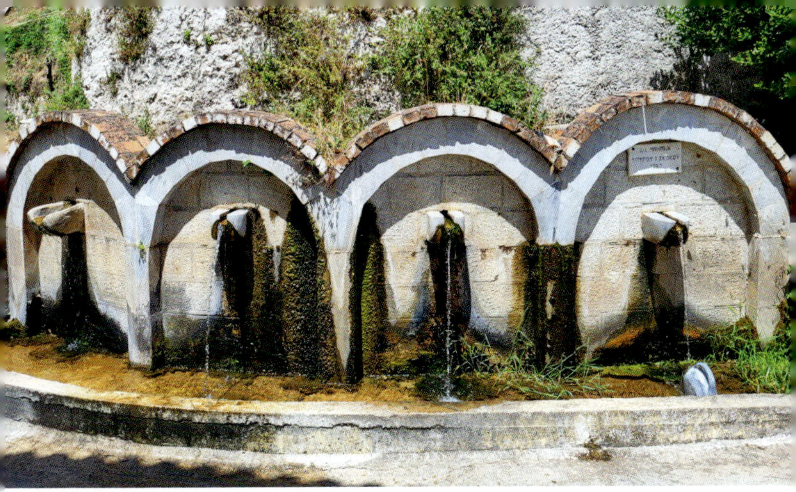

Dorfbrunnen in Anavriti

Sie steigen 2 km weiter durch die Schlucht auf. Nun führt der Weg nach links und in engen Kehren weiter steil hinauf, bis Sie 1,5 km später zum **Kloster Faneromeni ❺** gelangen. Es geht auf der Straße weiter. Noch 500 m steigt der Weg bis zu einer Kapelle weiter an. Nach weiteren 250 m führt der E4 auf einem Pfad links etwas unterhalb der Straße weiter. Dann geht es die verbleibenden 1,3 km an mehreren weiteren Kapellen vorbei fast eben bis nach **Anavriti**.

Anavriti

E4-Etap-Hotel Guesthouse Arhontiko, direkt am E4, +30/698/712 85 54, info@kanaltrekking.gr, kaneltrekking.gr, ganzjährig, Restaurant mit Abendessen (bitte vorbestellen), @, ÜF ab € 49

Ferienhof Apostolia's Small House, direkt am E4, apostolia.tripcombined.com, +30/697/552 90 49, ganzjährig, Unterkunft mit Küchenzeile, @, Mindestaufenthalt 2 Nächte, Ü ab € 98/Nacht

♦ weitere Unterkünfte

Restaurant Ta Kamaria Tis Anavrytis, direkt am E4, +30/697/814 75 86, täglich, genaue Zeiten erfragen

♦ Es gibt weitere Gastronomie im Ort.

Das historische Bergdorf wurde auf einer Klippe erbaut und ist ein wichtiger Stützpunkt für den Bergtourismus. Es bietet ein paar Unterkünfte und Gastronomie und hat mehrere Brunnen.

13. Etappe: Anavriti – Taygetos-Schutzhütte ☆

12,5 km, 5 Std., ↑ 894 m, ↓ 139 m, ⇧ 787-1.559 m

0,0 km	⇧ 806 m	Anavriti
4,7 km	⇧ 1.293 m	Lakomata–Quelle
6,7 km	⇧ 1.448 m	Kanellakia-Quelle
8,7 km	⇧ 1.411 m	Tsagkaki-Quelle
12,1 km	⇧ 1.515 m	Varvara-Quelle
12,5 km	⇧ 1.559 m	Taygetos-Schutzhütte

Heute erwartet Sie eine schöne Bergtour im Taygetos-Gebirge. Sie steigen zur Taygetos-Hütte am Fuße des höchsten Bergs der Peloponnes und mehrerer anderer hoher Gipfel auf. Am Ziel gibt es nur eine Berghütte, die nur gelegentlich bewirtschaftet wird und auch weit im Vorfeld reserviert werden muss. Wildcamping ist im Bereich der Hütte erlaubt.

In Anavriti folgen Sie den Markierungen einer Gasse entlang. An der Weggabelung bei einem Brunnen ❶ halten Sie sich rechts und gehen aus dem Ort hinaus und an einem Wasserfall vorbei.

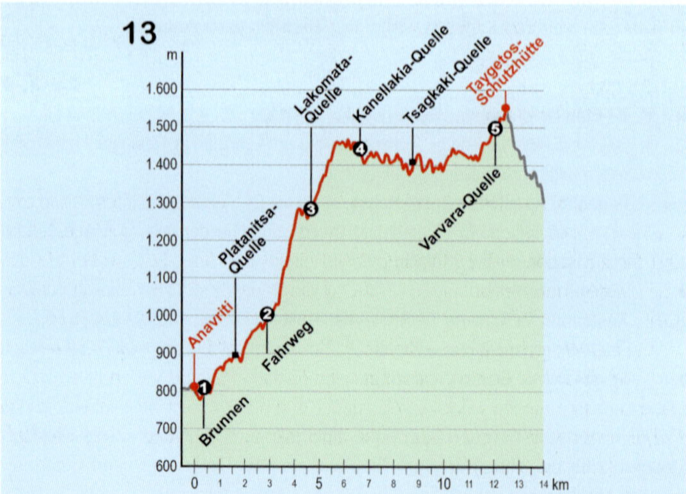

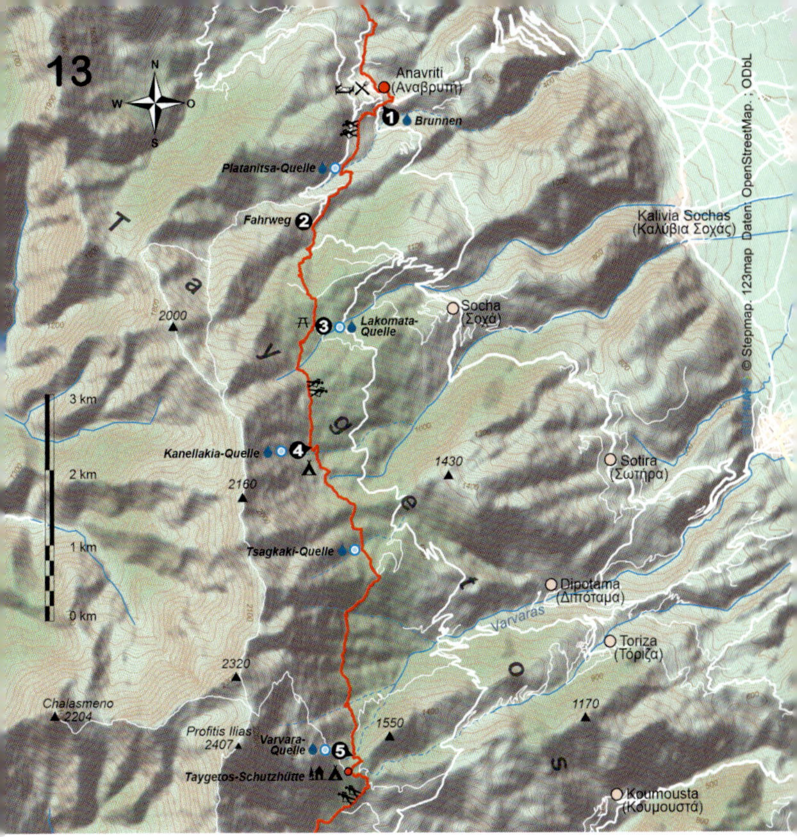

200 m nach dem Ort gehen Sie rechts unmarkiert ein paar Stufen hinauf und an einer Kapelle linker Hand vorbei (dort kommen wieder Markierungen). Das führt Sie auf schönem Weg in einem Wald hinauf und über Fels, wobei Sie den Verlauf eines Fahrwegs abkürzen. Zwischendurch passieren Sie die **Platanitsa-Quelle**.

An einer Weggabelung lotst Sie ein großes Holzschild nach links. 2,9 km nach dem Start gelangen Sie kurz darauf auf den Fahrweg ❷ und folgen ihm. 400 m später verlassen Sie ihn jedoch direkt wieder und wählen vor einer Linkskehre den Pfad, der nach scharf rechts abgeht und Sie weiter und zunehmend steiler im duftenden Nadelwald hinaufführt.

Nach einem knappen Kilometer erreichen Sie einen Fahrweg, dem Sie ein kurzes Stück nach links folgen, bevor Sie aber direkt wieder nach rechts auf einen Pfad abbiegen. Dieser führt Sie nach einem weiteren steilen Anstieg auf einen Fahrweg, dem Sie nach links ein kleines Stück zum Rastplatz an der 💧 **Lakomata-Quelle ❸** (1.293 m) folgen.

Lakomata-Quelle

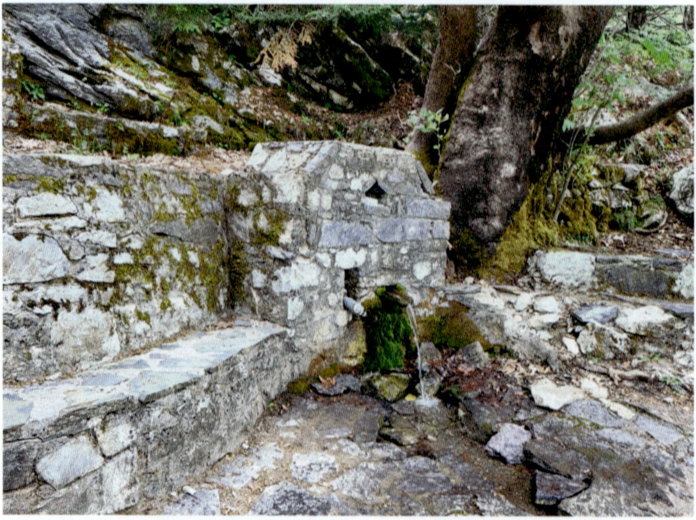

Sie gehen die Treppe hinauf und gehen hinter dem Quellbrunnen auf einem Waldweg weiter ansteigend weiter, bis Sie 5,9 km nach dem Start eine Höhe von knapp 1.500 m erreicht haben.

Der Baumbestand hat stellenweise rapide nachgelassen, da Sie fast die Baumgrenze erreicht haben. Auf Almwiesen, Geröllfeldern und durch weitere Waldabschnitte geht es jetzt mit kaum Steigung etwa 5,5 km weiter.

Nach kurzer Zeit auf diesem Abschnitt erreichen Sie die kleine 💧 **Kanellakia-Quelle ❹**.

⛺ Mit etwas Geduld finden Sie hier eine ebene Stelle zum (inoffiziellen!) Wildcampen.

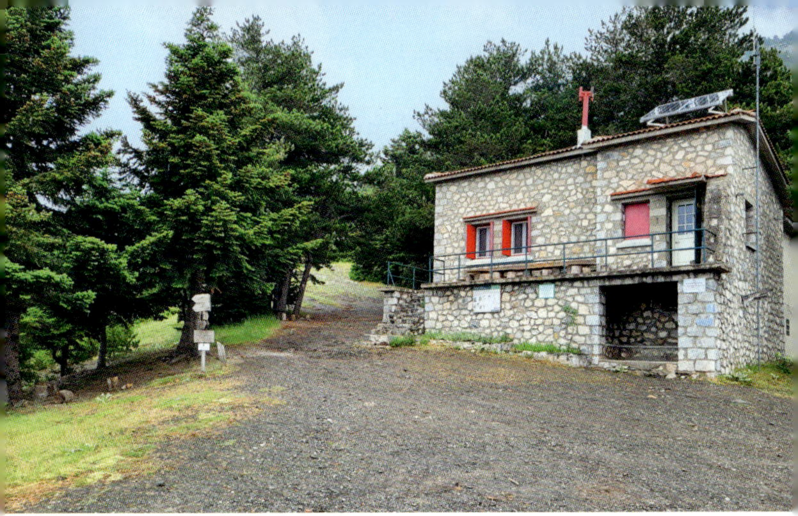

Taygetos-Schutzhütte

2 km später kommt schon die nächste **Quelle, Tsagkaki**. Dann geht es 3,4 km nochmals etwas bergan, gegen Ende mündet ein Weg vom Tal auf den E4. Sie erreichen kurz vor der Schutzhütte die **Varvara-Quelle** ❺. Zum Schluss geht es noch 150 m auf einem Fahrweg zur Hütte.

Taygetos-Schutzhütte, +30/27 31/02 25 74, +30/694/583 27 01, eosspa@otenet.gr, http://www.eosspartis.gr/en/article/2642/taygetos-refuge, ganzjährig, unbewirtschaftet, Selbstversorgerküche, 20 Plätze, mindestens eine Woche im Voraus reservierungspflichtig (!), Ü Mindestpreis pro Nacht € 120 (!), ab 10 Personen € 12, Wildcamping nach vorheriger Anmeldung per E-Mail erlaubt

Hier gibt es keinen Brunnen. Sollten Sie mit dem Zelt übernachten und die Hütte hat geschlossen, können Sie sich aber zumindest bei der 150 m zurückliegenden Varvara-Quelle mit Wasser versorgen.

Wenn Sie hier mehrere Nächte verweilen wollen, können Sie einige Hochtouren unternehmen. Die Hütte liegt direkt unterhalb des **Profitis Ilias** (2.407 m), dem höchsten Berg der Peloponnes. Sehr beliebt ist seine Begehung (2 km pro Richtung), als größere Tour weiter bis zum **Chalasmeno-Gipfel** (2.204 m) (etwa 5 km pro Richtung). Hervorragende Kondition und Erfahrung im Tourengehen sind Voraussetzung. Außerdem ist fast ganzjährig mit Schneefeldern zu rechnen.

14. Etappe: Taygetos-Schutzhütte – Arna ☆

16,2 km, 6 Std. 20 Min., ↑ 454 m, ↓ 1.244 m, ⇧ 769-1.571 m

0,0 km	⇧ 1.559 m	Taygetos-Schutzhütte
1,9 km	⇧ 1.263 m	Pentavli-Quelle
2,5 km	⇧ 1.215 m	Itia-Quelle
6,5 km	⇧ 1.476 m	Vasiliki-Wald
9,1 km	⇧ 1.440 m	Anina-Flanke
14,8 km	⇧ 876 m	Spartia
16,2 km	⇧ 780 m	Arna

Auch die heutige Etappe ist eine fantastische Bergwanderung im Taygetos-Gebirge, auf der Sie zum ersten Mal wieder das Mittelmeer sehen können.

Zum Schluss steigen Sie nach Arna ab. Dort gibt es nur eine unbewirtschaftete Unterkunft, aber auch ein gastronomisches Angebot.

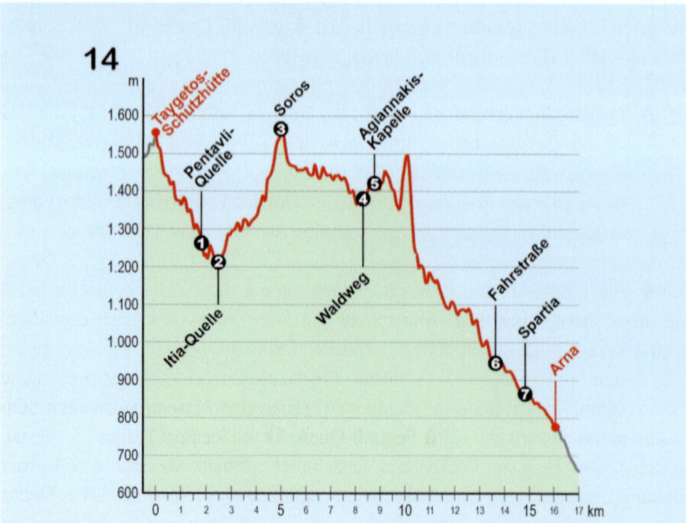

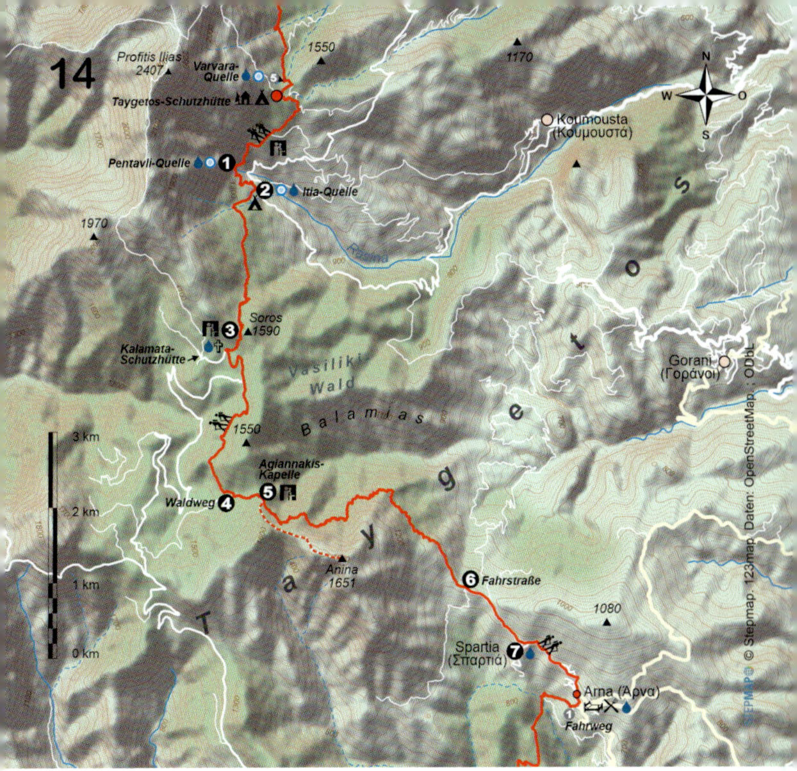

Sie folgen dem linken Pfad, der nach Südosten hinabführt, und kommen auf einen Fahrweg, dem Sie nach rechts folgen. Nach einer Kehre geht es rechts wieder auf einen Waldpfad. Sie umgehen in einer großen Rechtskurve leicht abfallend das Varvara-Massiv.

Danach geht es über einen Schotterhang, von dem Sie einen fantastischen Weitblick bis zum Mittelmeer und auf den Lakonischen Golf, das Ziel Ihrer Tour, genießen. Halten Sie sich nach dem Hang ganz rechts, achten Sie auf ein Holzschild und Markierungen. Nun werden Sie mit drei fast senkrechten Eisentreppen nach Südwesten weiter abwärts bis zur **Pentavli-Quelle ❶** mit kleinem Wasserfall gelenkt.

Sie kraxeln über Felsbrocken und danach rechts hinauf. Von dort geht es wieder nach Südosten auf einem teilweise überwucherten Waldpfad zur **Itia-Quelle ❷** mit zwei Häuschen, die Sie 2,5 km nach dem Start erreicht haben.

Die flache Wiese bei der Quelle eignet sich gut zum (inoffiziellen!) Wildcampen. Sie ist jedoch teilweise Privatgrund. Achten Sie auf ausreichend Abstand zu den Häuschen.

Jetzt geht es wieder südwestlich und aufwärts, nach einer Linkskurve in südliche Richtung. Nach weiteren 2,5 km gelangen Sie zum höchsten Punkt der Etappe auf 1.571 m unterhalb des **Soros-Gipfels** ❸.

Vom Pass haben Sie einen tollen Blick über den Hauptkamm des Taygetos-Gebirges und das volle Panorama des Profitis Ilias.

Nun folgt der lange Abstieg bis zum Etappenziel. 400 m geht es steil hinunter, dann passieren Sie ein Privatgrundstück und kommen zu einer Kapelle mit Brunnen, wo ein Fahrweg vorbeiführt. Sie biegen nach scharf links ab und folgen diesem Fahrweg erst durch eine S-Kurve, dann weiter nach Süden gemütlich abwärts. Dabei kommen Sie in das Schutzgebiet **Vasiliki-Wald**. Ihr Weg ist aber baumfrei, sodass Sie tolle Aussichten genießen können.

Nach 800 m kommt ein Abzweig nach rechts zur Kalamata-Schutzhütte, die sich aktuell im Bau befindet. Sie halten sich links. Sie kommen am Abzweig auf den Balamias vorbei. Dann umgehen Sie einen Gipfel in einer Linkskurve und danach führt der Fahrweg in einer engen Rechtskurve weiter. Im Scheitel der Kurve verlassen Sie den Fahrweg auf einen Waldweg ❹ nach links und es geht 500 m auf einen kleinen Pass hinauf. Das dortige Steinhäuschen dient als **Agiannakis-Kapelle** ❺.

schöner Aussichtspunkt

An der Kapelle führt rechts ein Weg in etwa 1,2 km und 200 Hm zum **Anina-Gipfel** (1.651 m) hinauf, der für einen kurzen Abstecher mit Aussicht lohnt.

Nun folgen Sie dem Weg auf einem Absatz hinab durch die schroffe, steil abfallende **Anina-Flanke**. An einigen Stellen geht es aus dem Wald hinaus über Geröll und Sie haben freien Blick auf die Steilwand und das Gebirge.

4,9 km nach der Kapelle gelangen Sie auf eine Fahrstraße ❻, der Sie nach links weiter abwärts und an ein paar Kapellen vorbei folgen.

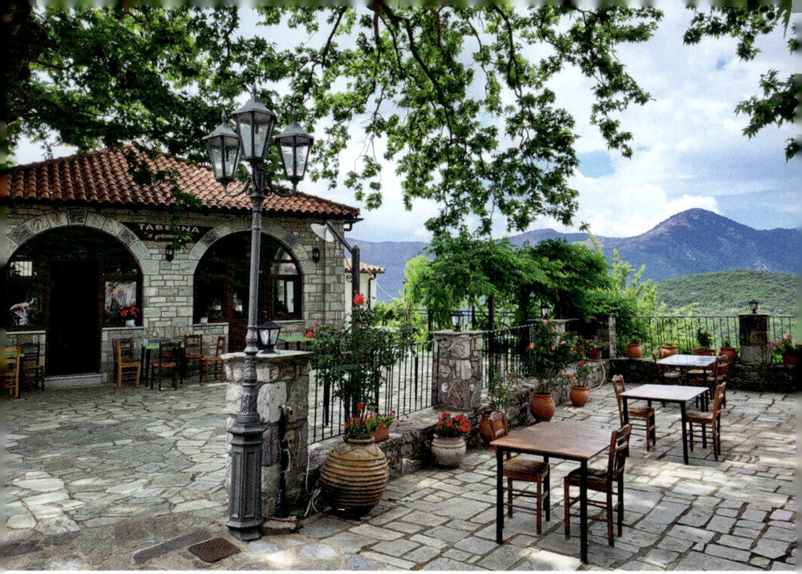

Tarverne in Arna

Hier haben Sie den Vasiliki-Wald verlassen und können einen schönen Weitblick über die Taygetos-Ausläufer und den Lakonischen Golf genießen.

Kurz vor dem Ziel kommen Sie durch das winzige Dorf **Spartia** ❼ 💧. Sie halten sich weiter geradeaus und folgen der Straße weitere 1,3 km bis nach **Arna**. Im Ort folgen Sie der Straße, die links an einer Kirche mit Terrasse vorbei nach Süden führt. An deren Ende gehen Sie nach rechts hinab ins Ortzentrum.

Arna

🛏 ✕ 💧

🛏 **E4-Etap-Hotel Volianiti**, direkt am E4, am Dorfplatz, ☎ +30/27 33/02 46 66, 📱 +30/697/792 35 39, ✉ info@volianiti.com, 💻 www.letsbookhotel.com/en/greece/arna/hotel/volianiti.aspx, 🚪 ganzjährig, Apartments mit Küchenzeile, kein Internet, Ü ab € 80/Apartment

✕ **Taverne von Anna**, direkt am E4, fantastische Terrasse, 🚪 aktuelle Öffnungszeiten im Ort erfragen

♦ Es gibt weitere Gastronomie im Ort.

Das idyllische kleine Bergdorf verfügt nur über eine unbewirtschaftete Unterkunft sowie etwas Gastronomie. Es gibt mehrere 💧 Dorfbrunnen.

15. Etappe: Arna – Agios Nikolaos

15,6 km, 5 Std. 30 Min., 600 m, 987 m, 382-1.036 m

0,0 km	780 m	Arna
6,2 km	1.007 m	Kloster Panagia Giatrisa
8,4 km	769 m	Kastania
11,9 km	544 m	Avorna-Quelle
13,5 km	504 m	Bosineika
15,6 km	371 m	Agios Nikolaos, Dorfplatz

Der letzte Tag im Taygetos-Gebirge führt Sie zunächst durch ein wildes, trockenes Bachtal zum Kloster Panagia Giatrisa, wo Sie ein tolles Panorama auf den Messenischen und Lakonischen Golf haben. Am Ziel in Agios Nikolaos angelangt erwartet Sie ein 360-Grad-Panorama über die Taygetos-Ausläufer und einen Canyon.

Vor der Terrasse der **Taverne von Anna** biegen Sie ohne Markierung links ab und gehen abwärts, dann kommen Markierungen. Bei der nächsten Gelegenheit, nach einem halb verfallenen Haus, biegen Sie rechts ab und gehen die kleine Straße und ein paar Treppen zwischen Häusern hinunter bis zum Ende. Dort geht es rechts weiter und Sie verlassen die Straße nach der ersten Kurve nach rechts, wo ein Fahrweg ❶ beginnt.

Sie folgen ihm 500 m, dann geht es rechts ab auf einen Pfad. Dieser bringt Sie zu einem versickerten Bachlauf, den Sie überqueren. Nun macht der Pfad eine scharfe Linkskurve und führt Sie recht wild und teilweise überwuchert nach Süden, zunächst leicht aufwärts. 1 km später umgehen Sie den kleinen **Paliokastro** in einer Rechtskurve und steigen aussichtsreich ab in das Agias-Marinas-Tal über einen trockenen Bachlauf ❷. Dies ist der tiefste Punkt der Etappe.

Der Pfad führt Sie parallel zu einem anderen trockenen Bachlauf – und teilweise direkt darin – steil aufwärts. An ein paar Stellen helfen Steinmauern und Steinstufen beim Aufstieg. Es geht in einem Linksbogen um einen kleinen Gipfel herum, bis Sie nach 2,6 km auf eine Fahrstraße bei der Kirche Agii Apostolii ❸ treffen.

Für den Aufstieg werden Sie mit dem Blick aufs Mittelmeer belohnt. Erst sehen Sie den **Messenischen Golf** und kurz darauf den **Lakonischen Golf**.

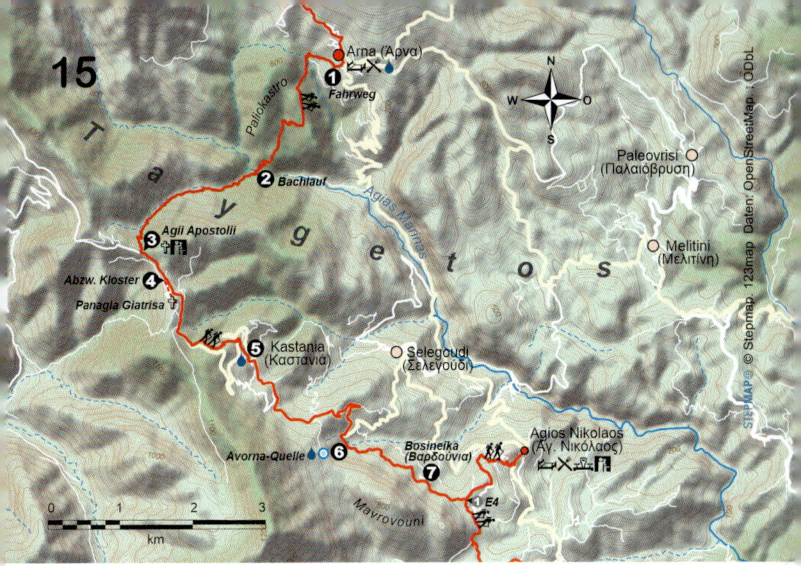

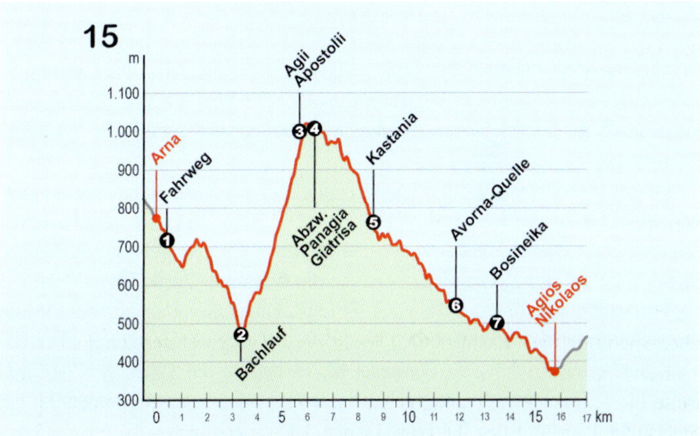

Sie folgen der Fahrstraße nach links etwa 500 m. Hier ist das Ende der Steigung erreicht. Die rechte Straße führt zu Parkplätzen am aufwendig gestalteten Kloster **Panagia Giatrisa** ❹ mit einem prachtvoll dekorierten Kirchenschiff, das einen Besuch lohnt. Sie nehmen die linke Straße.

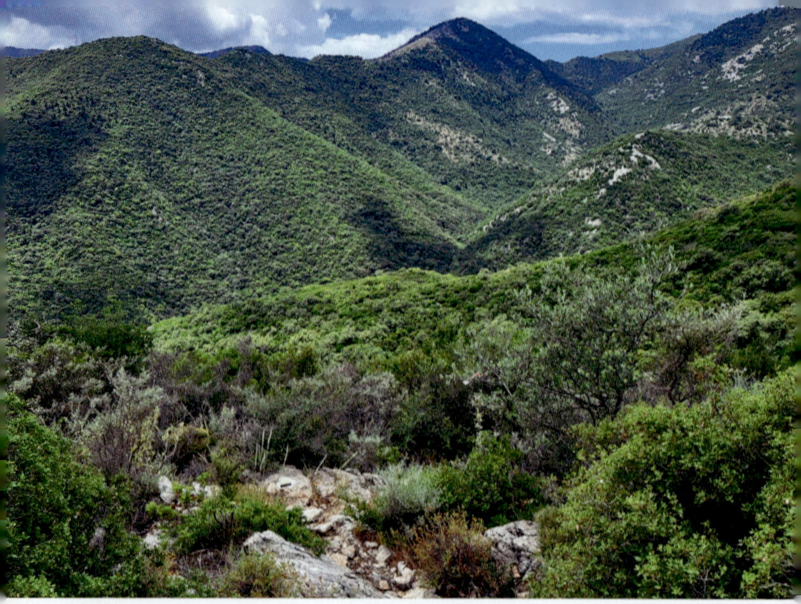

Agias-Marinas-Tal

Sie folgen der Straße 1 km. Dann zweigt links ein markierter Pfad ab (wegen eines Waldbrands derzeit ohne Markierungen), über den Sie den Abstieg nach **Kastania** ❺ 💧 deutlich abkürzen können, wobei Sie die Autostraße nochmals überqueren.

Im Ort kommen Sie nach ein paar Treppen wieder auf die Autostraße und folgen ihr rechts kurvenreich abwärts für 3 km. Die Straße führt scharf links weiter, Sie verlassen sie jedoch in der Kurve und wählen eine kleine geteerte Straße, die rechts abzweigt. Kurz darauf passieren Sie die 💧 **Avorna-Quelle** ❻.

Die Straße wird zu einem Fahrweg. Er führt durch Olivenhain und über Wiese linker Hand am **Mavrovouni** vorbei. Nachdem der Weg wieder geteert ist, erreichen Sie bei einem Abzweig **Bosineika** ❼. Es besteht aus kaum mehr als zwei Häusern. Am nächsten Abzweig gehen Sie links. Damit verlassen Sie den E4, um ans Etappenziel mit Unterkunft und Verpflegung zu gelangen.

400 m weiter gehen Sie nochmals links und folgen der Straße 800 m in einer Rechtskurve nach **Agios Nikolaos** hinein. Am Ortsanfang gehen Sie rechts (aber nicht scharf rechts) und linker Hand am Sportplatz vorbei. Die Straße wird zu einer Gasse und führt Sie hinab. Am Ende gehen Sie links und gelange auf den Dorfplatz.

Agios Nikolaos

E4-Etap-Hotel und Minimarket B'n'B Pavlos & Olympia, beim Dorfplatz, direkt am Weg, ☏ +30/27 33/09 45 01, +30/697/43 09 62 oder +30/693/093 26 61, www.airbnb.de/rooms/12665194, ganzjährig, Laden täglich ab 20:00, Apartments mit Küchenzeile, @, Ü ab € 40/Apartment, F € 10

Taverna Homonoia, beim Dorfplatz, direkt am Weg, täglich ab 20:00

Canyon bei Agios Nikolaos

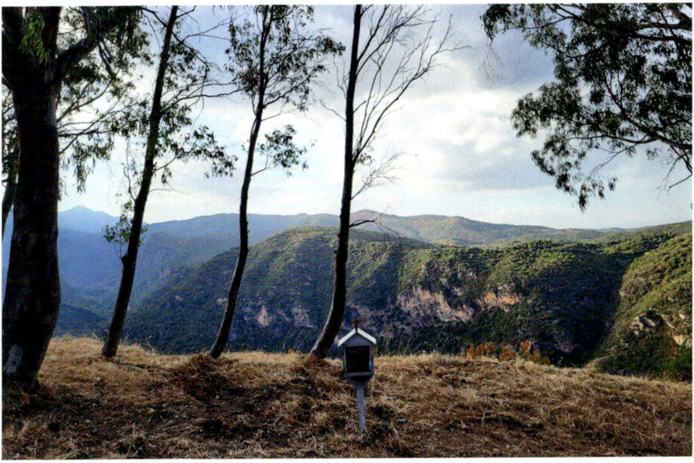

Das winzige, hübsche Dörfchen hat nur eine Unterkunft, deren Gastleute auch einen kleinen Dorfladen betreiben. Der Ort liegt auf einem Hügel und bietet ein fantastisches 360-Grad-Panorama über die Taygetos-Ausläufer und aufs Meer. Östlich davon befindet sich ein tiefer Canyon. Im August 2021 hat ein Feuer vom nordöstlich gelegenen Makri Louri eine Schneise bis ans Meer hinabgefressen, nur knapp an Agios Nikolaos vorbei. Die schwarzen Baumskelette werden wohl noch lange an diese Katastrophe erinnern. Gleichzeitig ist es beeindruckend zu sehen, wie schnell sich die Natur das tote Gebiet zurückerobert hat.

☺ Lassen Sie sich das unglaublich schöne Panorama nicht entgehen. Machen Sie abends noch einen Rundgang auf der Straße, die einmal um den Hügel führt, auf dem der Ort liegt.

16. Etappe: Agios Nikolaos – Gythio

29,7 km, 8 Std. 50 Min., ↑ 313 m, ↓ 667 m, ⇧ 2-485 m

0,0 km	⇧ 371 m	Agios Nikolaos
9,3 km	⇧ 300 m	Krini
17,2 km	⇧ 46 m	Platanos
22,9 km	⇧ 28 m	Agios Vasilios
29,7 km	⇧ 12 m	Gythio, Hafen BANK

Die Abschlussetappe fällt etwas länger aus und geht leider viel über Asphalt. Sie ist aber gemütlich und Sie haben viel Meerblick. Es geht die meiste Zeit kontinuierlich bergab und Sie machen ordentlich Strecke, bis Sie im malerischen Gythio am Lakonischen Golf wieder die Küste erreichen. Ein großer Teil der Strecke führt durch Gebiet, wo im August 2021 ein großer Waldbrand wütete.

Sie gehen das erste Stück auf dem Weg, den Sie in das Dorf hineingekommen sind, zurück hinauf, bis Sie den E4 nach 1,8 km wieder erreichen ❶. Nun halten Sie sich geradeaus und beginnen den Abstieg durch Olivenhaine und die schönen Taygetos-Ausläufer nach Süden.

Die große Kehre über Desfina können Sie auslassen, indem Sie 600 m weiter dem unmarkierten Abzweig ❷ nach links folgen. Die Abkürzung führt Sie in 1,3 km wieder auf den E4. Bei einem ersten Abzweig halten Sie sich links und beim Abzweig am Ende müssen Sie sich rechts halten. Wieder am E4 ❸ (unmarkiert) angekommen gehen Sie geradeaus etwas hinauf.

Panorama satt: vor Ihnen der Lakonische Golf, beim Blick zurück der Profitis Ilias

Bei der nächsten Weggabelung müssen Sie sich unmarkiert rechts halten (4,6 km nach dem Start). 2 km später kommt ein Abzweig mit Markierungen nach rechts. Die nächsten Abzweige sind leider wieder unmarkiert, hier geht es 7,9 km nach dem Start erst noch einmal rechts, 1 km später nach links. Ein bisschen geht es noch aufwärts bis zu einer Kapelle. Hier haben Sie einen tollen Blick auf das Etappenziel und folgen der Markierung an der Hauswand links eine Straße hinab durch Waldbrandgebiet, vorbei an Melissa.

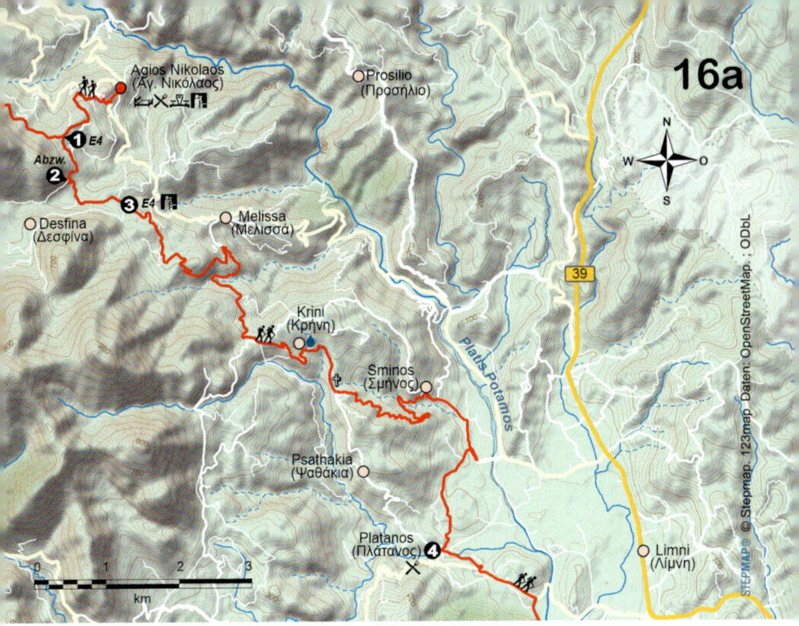

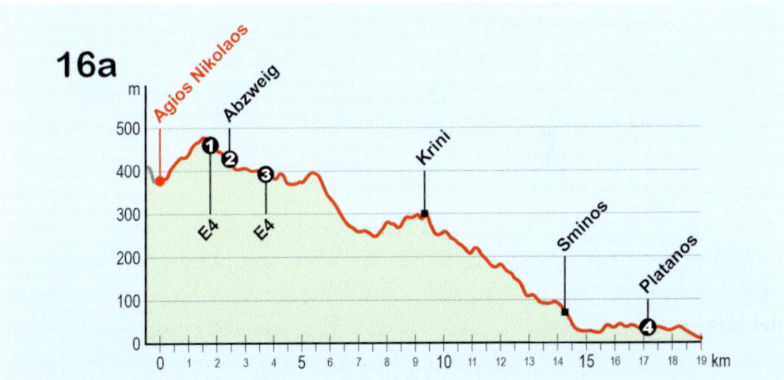

Auf diesem schaurigen Abschnitt können Sie sich ein Bild von den Schäden machen, aber auch der rasanten Rückeroberung des Gebiets durch die Natur.

9,3 km nach dem Start erreichen Sie **Krini** (💧 Brunnen am Ortsende). An dessen Ende macht die Straße eine Rechtskurve und Sie kommen an einer Kirche vorbei.

In der nachfolgenden Kehre verlassen Sie die Straße geradeaus auf einen Fahrweg (Markierung). Nun windet sich der Weg in engen Kehren hinab ins **Platis-Potamos-Tal**.

5 km hinter Krini kommen Sie durch eine Siedlung. 600 m später führt die Straße nach links über den Fluss. Sie wählen hingegen den Fahrweg scharf rechts (Markierung), der Sie in einer engen Kurve zunächst ein Stück zurückführt, und dann nach links abbiegt, um Sie schließlich durch wilde Wiesen nach Süden bis **Platanos ❹** zu bringen. Hier gibt es zwei einfache Tavernen.

✕ **Taverne Freiheit**, direkt am E4, ☏ +30/27 33/09 13 56, www.facebook.com/KapheneionOinomezedopoleiontoLimperdon, täglich 9:00-1:30

♦ **Taverne I Mouria**, direkt am E4, ☏ +30/27 33/09 14 64, https://taverna-h-mouria.business.site, täglich 9:00-0:00

Der erste Wegweiser in Platanos ist irreführend! Wählen Sie den zweiten nach links nach einer kleinen Brücke. Sie folgen dieser Straße 600 m nach Osten, erst durch den Ort und dann hinaus. Nun mündet die Straße auf eine größere Straße. Dieser folgen Sie 1 km nach links. Kurz vor einer Linkskurve verlassen Sie die Straße und wählen die kleinere Teerstraße, die rechts abgeht.

Diese geleitet Sie parallel zum fast trockenen Platis Potamos auf der orografisch rechten Seite nach Süden. Nach 500 m müssen Sie bei einem Gatter unmarkiert links auf einem Feldweg weitergehen. Er führt Sie unterhalb einer Kirche entlang (Achtung, irreführender Wegweiser vor der Kirche nach rechts!) und dahinter erst nach scharf rechts über eine Wiese, dann nach einem trockenen Bachlauf scharf links. Nun gehen Sie links über die große Brücke ❺.

400 m nach der Brücke wählen Sie den Weg, der bei einer Solarplantage scharf rechts weiter und wieder parallel zum Fluss am Hang, nun auf der orografisch linken Seite, weiterführt. Nach ein paar Häusern wird er zur Straße. Dann geht es vom Flusslauf weg und Sie überqueren eine größere Autostraße, weiter geradeaus der Fortsetzung Ihrer Straße folgend.

Kurz darauf erreichen Sie das kleine Dorf **Agios Vasilios ❻**. Wenn Sie die ersten Häuser sehen gehen Sie aber nicht weiter in Richtung Ort, sondern zweigen nach rechts auf eine schmale, leicht abfallende Teerstraße ab. Dieser folgen Sie 1 km durch lichten Olivenhain und an Häusern vorbei, dann geht es links weiter. Jetzt geht es eine Weile durch hügeliges Land. Bei einer Weggabelung 2,9 km hinter Agios Vasilios halten Sie sich leicht ansteigend rechts (unmarkiert).

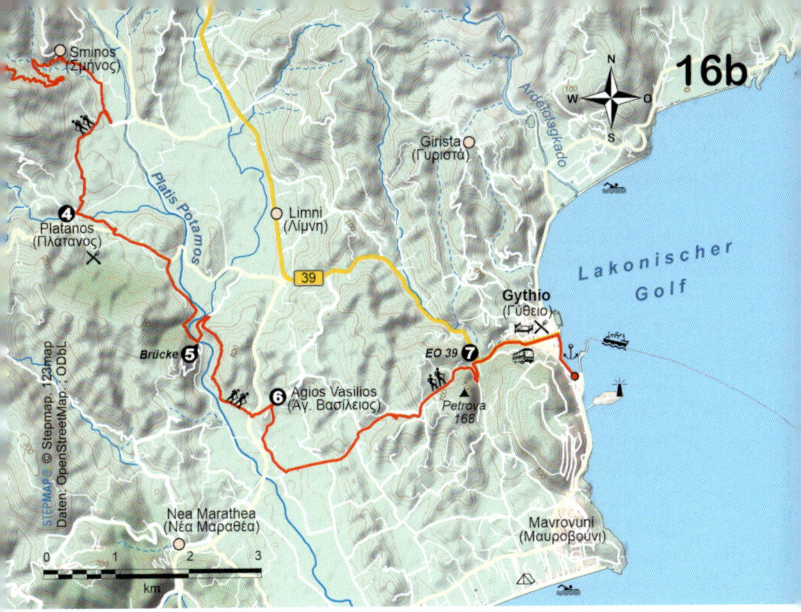

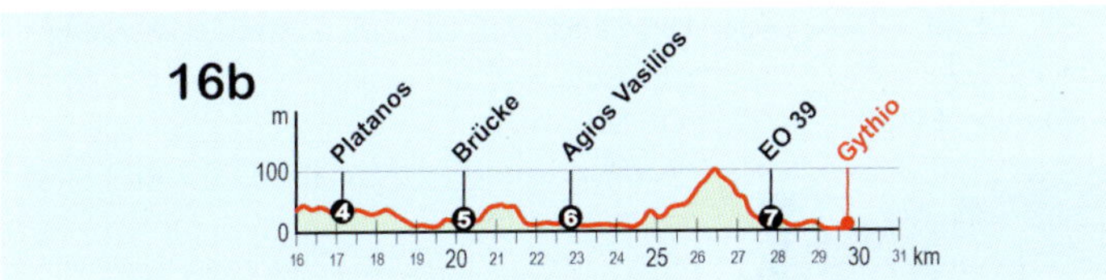

Danach führt die Straße in einer Rechtskurve um den **Petrova** herum und gibt den Blick auf Gythio frei. Sie macht gleich darauf eine enge Linkskurve, nach der sie auf eine andere Straße mündet. Dieser folgen Sie nun weiter geradeaus, an einem großen Friedhof mit Steingräbern vorbei. Nach einer letzten Rechtskurve mündet die Straße auf die stark befahrene EO 39 ❼.

Dieser müssen Sie nun folgen, den Friedhof rechter Hand passierend, aber zum Glück ist der Weg nun nicht mehr allzu lang. Sie kommen bald nach **Gythio** und gehen durchs Zentrum, bis nach einem guten Kilometer das Ende des E4 erreicht ist. Ein sehr ungastlicher Ort mit einem verdreckten Parkplatz! Sie haben Besseres verdient, deswegen legen Sie noch ein Schippchen drauf und folgen der EO 39 weitere 700 m nach rechts an der Küste entlang, bis Sie den pittoresken **Hafen von Gythio** erreicht haben.

Gythio

E4-Etap-Hotel Saga, direkt auf der Hafenpromenade, 500 m vom E4, der Küstenstraße nach Süden folgen, ☏ +30/27 33/02 32 20, +30/697/762 10 95, saga@sagapension.gr, www.sagapension.gr, ganzjährig, Restaurant, @, ÜF ab € 57

E4-Etap-Hotel Stavros Tou Notou, direkt am Sandstrand im Ortsteil Mavrovouni, 3 km vom E4, der Küstenstraße nach Süden folgen, ☏ +30/27 33/02 50 03, +30/697/200 61 04, info@stavrostounotou.com, www.stavrostounotou.com, ganzjährig, Apartments mit Küchenzeile, Bar, Pool und Strandzugang, @, ÜF ab € 85/Apartment

Camping Meltemi, direkt am Sandstrand westlich von Mavrovouni, 4 km vom E4, der Küstenstraße nach Süden und weiter nach Westen folgen, ☏ +30/27 33/02 28 33, www.campingmeltemi.gr, April bis Oktober, kostenlos, Kochstellen, Strandzugang, @, Stellplatz für zwei ab € 17,50, Ü im Bungalow ab € 60/Bungalow

♦ unzählige weitere Unterkünfte und Restaurants

Der Busbahnhof mit regionalen und überregionalen Verbindungen in mehrere Städte, darunter mehrmals täglich nach Sparta und Athen, befindet sich direkt westlich der Altstadt, Vasileos Georgiou 98, ☏ +30/27 33/02 22 28, www.ktel-lakonias.gr.

Hafen von Gythio

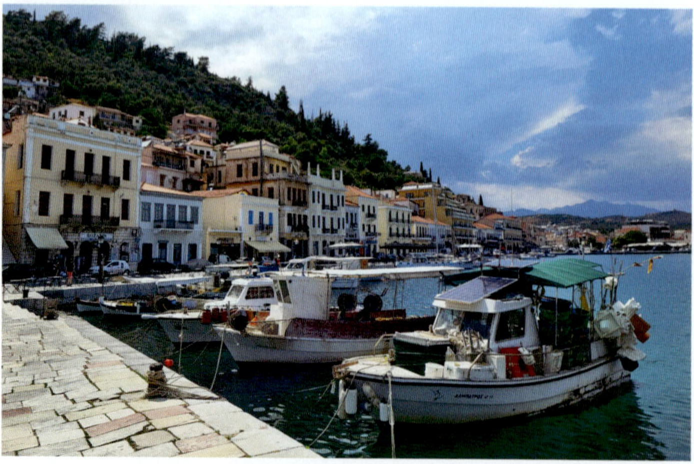

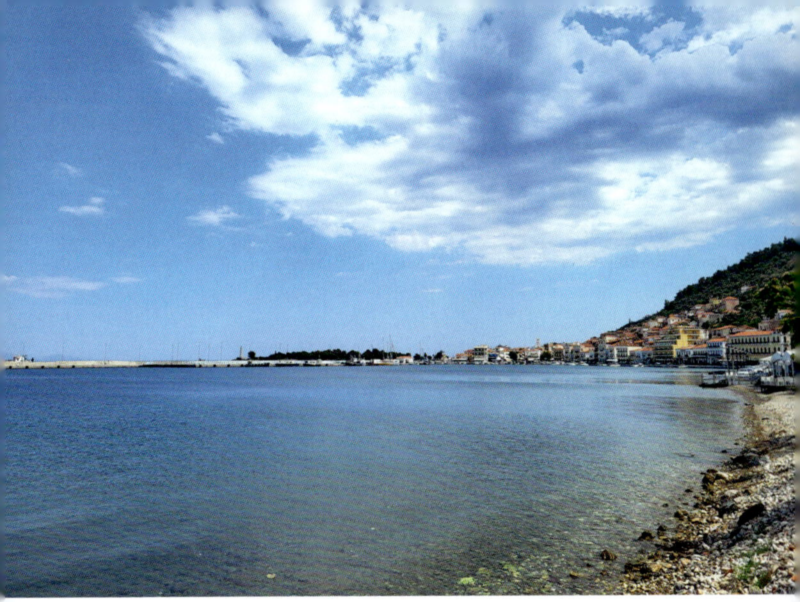

Hafenblick vom offizellen Endpunkt des E4

Fährverbindungen nach Kreta, Kythira und Antikythira,
https://greeceferries.com/ports/gythio

Die malerische Hafenstadt liegt am Lakonischen Golf und am Fuße des Taygetos-Gebirges. Sie besteht aus drei Bereichen. Die Altstadt im Norden hat ein zu besichtigendes römisches Theater aus ihrer ersten Blütezeit, nachdem sie von den Römern erobert wurde. Zuvor war es der wichtigste spartanische Seehafen. An der 250 m südlich vom Zentrum gelegenen Hafenpromenade gibt es keine antiken Spuren mehr, da der Hafen später überflutet wurde. Die Bewohner verließen die Stadt daraufhin. Später wurde sie jedoch neu besiedelt und so erlebte sie im 19. Jahrhundert eine zweite Blütezeit, wovon die neoklassizistischen Bauten und vor allem die schachbrettartig angelegte Altstadt zeugen. Der dritte Bereich ist der Stadtteil Mavrovouni etwa 2 km südlich der Altstadt, der mit seinem 5 km langen Strand eine sehr touristische Infrastruktur mit vielen Hotels und schönen Campingplätzen entwickelt hat.

Kleiner Sprachführer

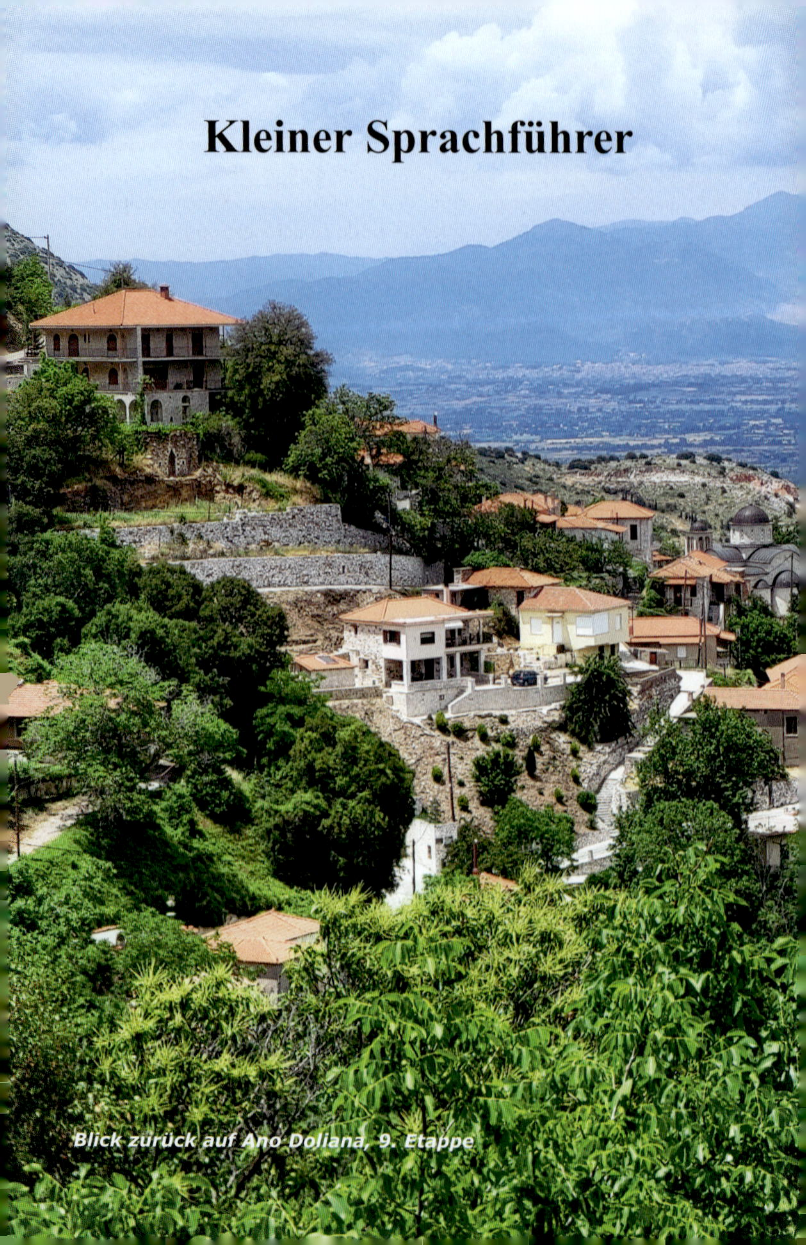

Blick zurück auf Ano Doliana, 9. Etappe

Die griechische Sprache wird im griechischen Alphabet notiert. Die Übertragung in unser lateinisches Alphabet ist dabei nicht ganz einheitlich. Gerade für Namen gibt es daher unterschiedliche Schreibweisen. Bei den Etappen habe ich jeweils die Schreibweise verwendet, wie sie in den amtlichen Topo-Karten erfolgt. An allen touristischen Orten werden Sie jeweils beide Notierungen vorfinden.

Das Alphabet – to alfàwito

Großbuchstabe	Kleinbuchstabe	Name	Aussprache
Α	α	àlfa	kurzes a
Β	β	wìta	w
Γ	γ	gàmma	g
Δ	δ	dèlta	stimmhaftes th wie im Englischen
Ε	ε	èpsilon	kurzes, offenes e
Ζ	ζ	sìta	stimmhaftes s
Η	η	ìta	kurzes i
Θ	θ	thìta	stimmloses th wie im Englischen
Ι	ι	jòta	j
Κ	κ	kàppa	k
Λ	λ	làmda	l
Μ	μ	mi	m
Ν	ν	ni	n
Ξ	ξ	xi	x
Ο	ο	òmikron	kurzes offenes o
Π	π	pi	p
Ρ	ρ	ro	gerolltes r
Σ	σ,ς	sìgma	scharfes s
Τ	τ	taf	t
Υ	υ	ìpsilon	langes i
Φ	φ	fi	f
Χ	χ	chi	weiches ch vor ι, ε – hartes ch vor α, ω, ο υ
Ψ	ψ	psi	ps
Ω	ω	omèga	langes o

Zahlen – arithmì

Deutsch	Griechisch (lateinische Schrift)
1	èna
2	dìo
3	trìa
4	tèssera
5	pènde
6	èxi
7	eftà – eptà
8	ochtò
9	ennià – ennèa
10	dèka
11	èndeka
12	dòdeka
13	dekatrìa
14	dekatèssera
15	dekapènde
16	dekaèxi
17	dekaeftà
18	dekaochtò
19	dekaennià
20	ìkossi
21	ìkossièna
22	ìkossidìo
23	ìkosstrìa
24	ìkossitèssera
25	ìkossipènde
26	ìkossièxi
27	ìkossieftà
28	ìkossiochtò
29	ìkossiennià
30	triànda
40	ssarànda
50	penìnda
60	exìnda s
70	ewdomìnda
80	ochtònda
90	enennìnda

100	ekatò
1.000	chìlia
2.000	dìo chiliàdes
10.000	dèka chiliàde
100.000	ekatò chiliàdes
1.000.000	èna ekatomìrio
1.000.000.000	èna dis

1.	pròtos
2.	dèvteros
3.	trìtos
4.	tètartos
5.	pèmptos
6.	èktos
7.	èwdomos
8.	òchtoos
9.	ènatos
10.	dèkatos
100.	èkatostòs
1.000.	chiliostòs

Alltag

Deutsch	Griechisch (lateinische Schrift)
allgemeine Grußformel, wörtlich übersetzt: „freut euch"	chèrete
Hallo!	Geia sas! (höflich)/Geia su! (locker)
Auf Wiedersehen!	Antío!
guten Tag, guten Morgen	kalimèra
guten Abend	kalispèra
gute Nacht	kalinìchta
grüßt euch	jàssas
grüß dich	jàssu
bitte sehr/wie bitte	oristè
bitte	parakalò
danke	evcharistò
ja	nè
nein	òchi

Deutsch	Griechisch (lateinische Schrift)
(sehr) gut	(polì) kalò
in Ordnung	endàxi
Entschuldigung	signòmi
Wann …?	Pòte …?
Wer …?	Piòs …?
Warum …?	Jatì …?
Was …?	Ti ...?
Wo, wohin …?	Pu …?
hier	edò
dort	ekì
rechts	dexià
links	aristerà
gestern	chtès
heute	ssìmera
morgen	àvrio
jetzt	tòra
nie	potè
immer	pànda
offen	aniktò
geschlossen	klistò
sofort	amèssos
Wo ist …?	Pu ìne …?
Wie heißt …?	Pos leìete …?
Wo hat es …?	Pu èchi …?
Wie heißen Sie?	Poio eínai to ónomá sou?
Mein Name ist …	To ónomá mou eínai ...
Ich verstehe Sie nicht.	Den se katalavaíno.
Sprechen Sie Deutsch/Englisch?	Miláte Germaniká / Angliká?
Hilfe!	V oítheia!
Rufen Sie einen Arzt!	Kaléste giatró!
Rufen Sie die Polizei!	Kaléste tin astynomía!
Wie viel Uhr ist es?	Ti óra eínai?
morgens/nachmittags/abends	proí/apógevma/vrády
Montag	Deftéra
Dienstag	Tríti
Mittwoch	Tetárti

Donnerstag	Pémpti
Freitag	Paraskeví
Samstag	Sávvato
Sonntag	Kyriakí
Die Speisekarte, bitte.	To menoú, parakaló.
Die Rechnung, bitte.	To nomoschédio, parakaló.
Ich bin Vegetarier.	Eímai chortofágos.
Was ist das?	Ti eínai aftó?
Ich bin krank.	Eímai árrostos.
Hier tut es weh.	Ponáei edó.
Das gefällt mir nicht.	Den mou arései aftó.
Nehmen Sie Kreditkarten?	Dechteíte pistotikés kártes?
Ich suche eine Bank.	Psáchno gia mia trápeza.
Darf ich hier parken?	Boró na stathméfso edó?
Ich suche ein Hotel.	Psáchno gia éna xenodocheío.
Sind noch Zimmer frei?	Ypárchoun kápoia domátia?
Wie viel kostet es pro Nacht?	Póso eínai aná dianyktérefsi?

Index

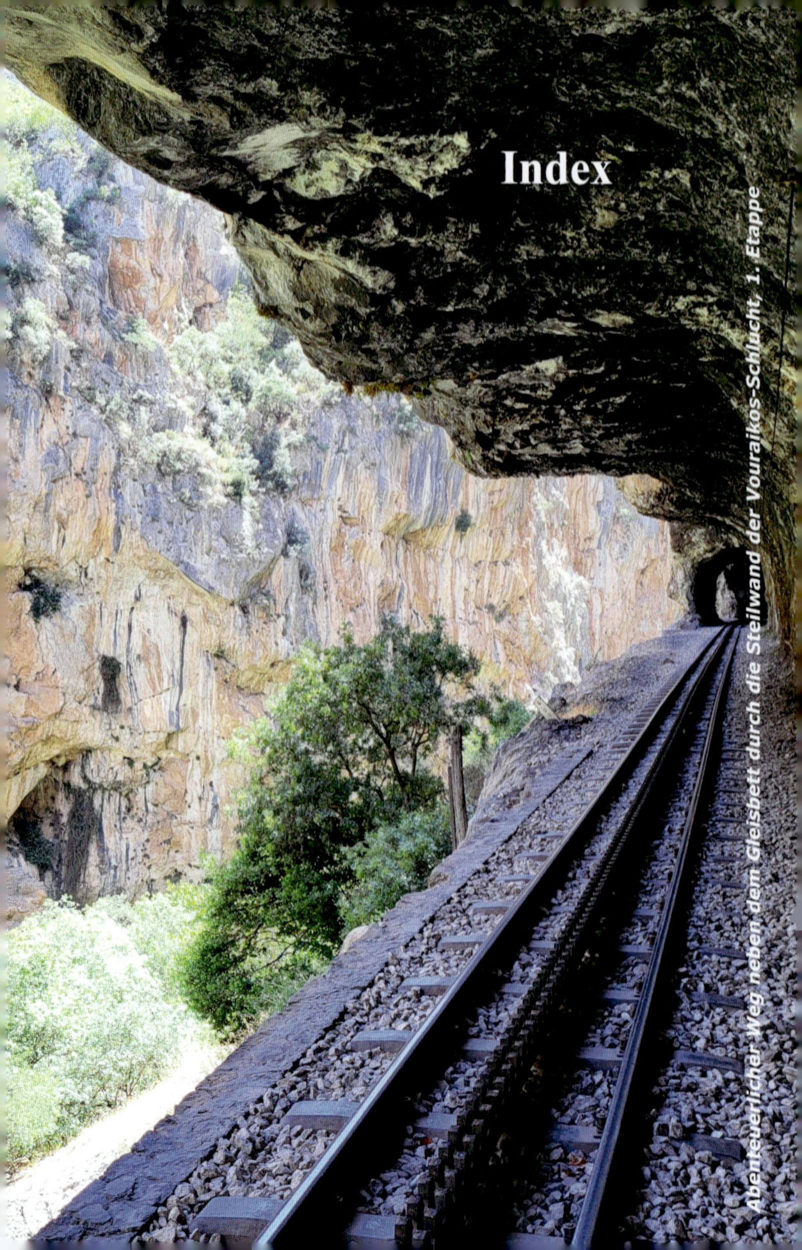

Abenteuerlicher Weg neben dem Gleisbett durch die Steilwand der Vouraikos-Schlucht, 1. Etappe

A/B

C/D

E/F

G

I/K

L

M